그리스도교 신앙 원천 Fontes Fidei Christianae 05

MARTINUS BRACARENSIS
DE SUPERBIA / EXORTATIO HUMILITATIS
DE IRA / FORMULA VITAE HONESTAE
PRO REPELLENDA IACTANIA
DE CORRECTIONE RUSTICORUM
SENTENTIAE PATRUM AEGYPTIORUM

Translated with notes by HYEON KIM and HYUN-WONG KIM
Korean translation copyright ⓒ 2019 by Benedict Press, Waegwan, Korea.

그리스도교 신앙 원천 5
교만 / 겸손 권면
분노 / 진실한 삶의 방식
허영심을 몰아냄 / 농부들을 위한 계도
이집트 교부들의 금언집

2018년 12월 20일 교회 인가
2019년 2월 2일 초판 1쇄

지은이	브라가의 마르티누스
역주자	김현 · 김현웅
펴낸이	박현동
펴낸곳	성 베네딕도회 왜관수도원 ⓒ 분도출판사
찍은곳	분도인쇄소

등록	1962년 5월 7일 라15호
주소	04606 서울시 중구 장충단로 188 분도빌딩 102호(분도출판사 편집부)
	39889 경북 칠곡군 왜관읍 관문로 61(분도인쇄소)
전화	02-2266-3605(분도출판사) · 054-970-2400(분도인쇄소)
팩스	02-2271-3605(분도출판사) · 054-971-0179(분도인쇄소)
홈페이지	www.bundobook.co.kr

ISBN 978-89-419-1903-2   04230
ISBN 978-89-419-1850-9   (세트)

저작권법에 의해 보호를 받는 저작물이므로 무단 전재와 무단 복제를 금합니다.

브라가의 마르티누스

교만
겸손 권면
분노
진실한 삶의 방식
허영심을 몰아냄
농부들을 위한 계도
이집트 교부들의 금언집

한국교부학연구회
김현·김현웅 역주

분도출판사

일러두기

1. 성경 인용은 원칙적으로 『성경』(한국천주교주교회의 2005)을 기준으로 삼았으나, 교부들이 인용한 성경 본문이 『성경』과 차이가 있을 때에는 그리스어나 라틴어 원문을 직역하였다.

2. 성경 본문에 나오는 지명 '유다'는 로마제국의 지방명일 경우 '유대아'로, '유다인'은 '유대인'으로, '유다교'는 '유대교'로 표기했다. 교부 시대의 인명과 지명은 『교부학 인명·지명 용례집』(분도출판사 2008)을 따랐다.

3. 작품명은 『교부 문헌 용례집』(수원가톨릭대학교출판부 2014)을 따랐다.

'그리스도교 신앙 원천'을 내면서

"오래고도 새로운 아름다움!" Pulchritudo antiqua et nova!

교회의 스승인 교부敎父들은 성경과 맞닿은 언어와 문화로 주님의 삶과 가르침을 생생하게 느끼며 살았던 신앙의 오랜 증인들이다. 모진 박해와 세상 거짓에 맞서 기꺼이 자신을 불사르며 복음의 진리와 거룩한 삶의 가치를 지켜 낸 성인들이며, 하느님 백성을 섬기고 돌보는 일을 천직으로 여겼던 목자들이다. 교부 문헌이 탄생한 자리는 책상머리가 아니라, 기쁨과 희망, 슬픔과 고뇌로 누벼진 민중의 애달픈 삶의 현장이었다. 그래서 교부들의 많은 가르침은 단순하면서도 감동적이고, 힘이 있으면서도 따뜻하다. 특히 사회 교리나 교회 생활에 관한 탁월한 가르침은 현대 교회에도 끊임없이 새로운 영감을 불어넣어 주는 마르지 않는 샘이다.

"집어서 읽어라!"Tolle lege!

　가장 위대한 교부라고 일컬어지는 아우구스티누스는 바오로 서간을 집어서 읽으면서 진리에 눈을 떴고 마침내 회심했다. 다양한 교부 이름과 책 제목들만 빽빽한 각주로 달려 있는 두터운 신학 논문집보다 짤막한 교부 문헌 한 편이 신학 연구와 영성생활에 훨씬 더 유익할 수 있다. 신학의 진정성과 보편성은 원전을 집어서 읽는 데서 비롯하기 때문이다.

　고맙게도 분도출판사는 1987년부터 대역본 교부 문헌 총서를 펴내고 있다. 라틴어·그리스어 본문을 우리말 번역과 나란히 싣고 상세한 해제와 주석을 단 혁신적 출판 기획은 우리나라 서양 고전 번역의 새로운 지평을 열었다. 세계적 권위를 지닌 프랑스의 '수르스 크레티엔느'Sources Chrétiennes, 독일의 '폰테스 크리스티아니'Fontes Christiani, 이탈리아의 '누오바 비블리오테카'Nuova Biblioteca 등에 당장 비길 바는 아니겠으나, 교부학 불모지였던 우리나라의 철학과 신학, 인문학과 영성 분야에서 일구어 낸 성과와 공헌이 적지 않다.

그러나 고전어를 직접 번역하고 해제와 주석을 다는 일은 고달프고 더딘 여정일뿐더러, 한정된 전문가들에게 기댈 수밖에 없다는 것이 한국교부학연구회와 분도출판사의 공통된 고민이다. 기존 교부 문헌 총서의 원전 번역을 꾸준히 이어 가면서도 신자들의 삶과 영성에 꼭 필요한 짧고 감동적인 교부 문헌들을 줄기차게 소개하는 일을 병행할 수는 없을까? 대중판 교부 문헌 총서인 '그리스도교 신앙 원천'이 바로 그 해답이요 대안이라고 확신한다.

"원천으로 돌아가자!"Ad fontes!

라틴어나 그리스어 등에서 직접 번역하는 원전 대역은 아닐지라도, 현대어(영어, 프랑스어, 독일어, 이탈리아어, 스페인어 등)로 충실하게 번역된 교부 문헌들 가운데 한국 현실에 꼭 필요한 책 50권을 우선 골라 해마다 다섯 권씩 펴내기로 했다. 신앙과 삶을 일치시켜 줄 수 있는 실천적 주제들(예컨대 '기도와 선행', '부와 가난', '재화의 보편적 목적과 분배 정의', '참회와 자선', '교부들의 생애' 등)을 발굴하고 엄선하기 위해 여러 차례에 걸쳐 간행위원들의 지혜를 모아 냈다. 권위 있는 현대어 번역본을 아름답고 정확한 우리말로 옮겨 낼 빼어난 전문 번역가들의 연대 덕분에 가능했던 기획임을 고백한다. 누구에게나 널리 읽힐 수 있는 '대중판'Vulgata이라는 대전제를 늘 기억하면서 간결하고 명쾌한 우리말 표현을 애써 찾으며 군더더기 해설을 절제할 것이다.

'그리스도교 신앙 원천'은 한국교부학연구회가 분도출판사와 손잡고 추진해 온 '교부들의 성경 주해'(전 29권) 번역 출간의 후속 작업이다. 교부 문헌은 가톨릭과 정교회와 개신교가 함께 보존하고 가꾸어야 할 그리스도교 공동 유산이기에, 원천으로 돌아가기 위한 이 노력들이 영적 일치운동에 꾸준히 이바지하리라 믿는다.

"교회는 늘 새로워져야 한다!" Ecclesia semper reformanda est!

이제 우리는 끝이 보이지 않는 새로운 여정에 첫발을 내딛는다. 끝이 보이지 않아 행복하다. 지난 수십 년 동안 이 땅에 교부들의 씨앗을 묵묵히 뿌려 온 선배들이 그러했듯, 우리도 힘닿는 만큼 교부 문헌을 살뜰히 옮기다 떠나갈 것이다. 밭에 묻혀 있는 보물과도 같은 교부 문헌을 정성스레 캐내어 생명력을 불어넣는 이 가슴 벅찬 일이 끝없이 이어지기를 바라는 마음 간절하다. '그리스도교 신앙 원천'이 책

꽂이에 차곡차곡 꽂혀 갈수록 우리 교회는 더 젊어지고 더 새로워질 것이다. 교부 문헌은 교회 쇄신의 물줄기를 끊임없이 제공하는 그리스도교 신앙의 살아 있는 원천이기 때문이다.

2018년 1월 25일
한국교부학연구회 회장 장인산

차례

'그리스도교 신앙 원천'을 내면서 ___ 5

교만 ___ 13
겸손 권면 ___ 25
분노 ___ 39
진실한 삶의 방식 ___ 63
허영심을 몰아냄 ___ 85
농부들을 위한 계도 ___ 97
이집트 교부들의 금언집 ___ 121

해제 ___ 165
1. 브라가의 마르티누스의 생애 ___ 167
2. 『교만』 ___ 169
3. 『겸손 권면』 ___ 170
4. 『분노』 ___ 172

5. 『진실한 삶의 방식』___ 174
6. 『허영심을 몰아냄』___ 178
7. 『농부들을 위한 계도』___ 179
8. 『이집트 교부들의 금언집』___ 182
9. 번역본___ 185

주___ 189
교부 문헌 목록___ 195
주제어 색인___ 196
성경 색인___ 204

Martinus Bracarensis
De superbia

브라가의 마르티누스
교만

위대한 예언자 다윗 임금

1. 하느님의 크신 자비와 너그러우심으로 축복을 받고, 하느님의 백성 중에서 선택된 위대한 예언자 다윗 임금을 여러분은 성경을 통해서 이미 알고 있습니다. 이제, 하느님께서 사랑하시는 이 사람이 자만심이라는 악령에 현혹되는 것을 어떻게 두려워했는지 지혜롭게 살펴보시길 바랍니다. 다윗 임금에게는 하느님의 크신 은혜가 날마다 충만하게 드리웠습니다. 그래서 다른 민족들과의 전쟁을 통해 많은 승리와 큰 부, 경쟁자들에 대한 심판, 백성의 증가를 이루었으며, 자신의 잘못에 대한 하느님의 관대함과 다가올 일에 대한 성령의 예언을 받았습니다. 그런데 이런 번영을 누리는 가운데에서도 그는 교만으로 가득 차게 될 것을 두려워하여 "거만한 발길이 제게 닿지 않게, 악인들의 손이 저를 내쫓지 않게 하소서. 그러면 나쁜 짓 하는 자들은 넘어지고 쓰러져 일어서지 못하리이다"(시편 36,12-13)[1]라며, 신심 어린 마음으로 하느님께 기도했습니다.

거만한 발길, 교만

2. "거만한 발길이 제게 닿지 않게"라는 말이 무슨 뜻인지

살펴봅시다. 건물에 비유하자면, 사람에게 발은 신체의 맨 끝이지만, 서 있을 때는 시작이자 중심이며 신체가 조화를 이루게 하는 부분입니다. 그러므로 "거만한 발길이 제게 닿지 않게"라는 말은 교만한 마음이 처음부터 생겨나지 않기를 바란다는 뜻입니다. 재앙과 같은 교만은 자만에서 생겨나기 때문입니다. 자만과 교만, 이 둘은 같이 생겨나기에 식별하고 알아차리기가 쉽지 않습니다. 사람이 하느님이 아닌 자신의 능력을 과시하며, 스스로에게 영광을 돌리기 시작하면 교만은 바로 드러나기 마련입니다.

자만과 교만

3. 다른 사람의 칭찬에 우쭐해하는 것은 자만입니다. 찬양 받아야 할 대상이 하느님이 아니라 자신이라고 여긴다면 그것은 교만입니다. 다른 사람의 치켜세움이 자만을 키우고 자만이 교만을 키웁니다. 또한 자신이 뛰어나다는 다른 사람의 말에 동의하게 된다면 스스로 인정하는 것이 됩니다. 이 비참한 상태가 더 악화되어서 자신이 우월하다고 확신하게 되면 더 이상 아무 말도 통하지 않습니다. 그는 구제불능 상태가 되어, 모든 사람을 단죄하고 오직 자신만 인정하게

됩니다. 더 나아가 자신의 지식만이 완벽하고 흠이 없다고 판단하게 됩니다. 그래서 다윗 임금은 거짓된 칭찬에 대한 희망에 현혹되어 자신이 이룬 모든 업적이 하느님의 권능에서가 아니라 자신의 능력에서 기인했다고는 생각하는 일이 없기를 기도했습니다.

교만과 죄

4. 다윗은 교만한 마음으로 가득 찬 사람에게 벌어질 다음의 일을 알았기에, "거만한 발길이 제게 닿지 않게"라고 말한 뒤에 바로 이어서 "악인들의 손이 저를 내쫓지 않게 하소서"라고 기도합니다. 죄는 항상 교만과 관계있기 때문입니다. 그래서 교만으로 가득 찬 사람은 누구나, 감히 엿볼 수 없는 하느님의 영광을 흉내 내어, 하느님을 해하는 모독적인 행동까지 하게 됩니다. 이런 부정한 행위와 불명예스러운 행동 때문에 이들은 하느님에 의해 죄인들의 손에 넘겨지고 맙니다. 그래서 결국은 자신이 먼지와 재에 불과함을 알게 됩니다. 그리고 자신이 교만에 차 있을 때, 무엇을 보지 못했는지 겸손하게 깨닫게 될 것입니다. 그래서 솔로몬은 "주님 앞에서 자신을 들어 높이는 이들은 부정不淨합니다."(잠언 16,5

참조)라고 하였습니다.

첫 번째 천사의 몰락

　5. 그러면, "나쁜 짓 하는 자들은 넘어지고 쓰러져 일어서지 못하리이다"라는 다윗 임금의 말을 계속해서 생각해 봅시다. 그는 몰락한 모든 의인들의 첫 번째 원인은 교만에서 비롯되었다고 분명하게 말합니다. 그리고 "교만은 죄의 시작이다"(집회 10,13 참조)라는, 똑같은 내용을 성경 다른 곳에서도 찾아볼 수 있습니다. 이것을 더 명확하게 보여 주는 것은 영광과 빛 때문에 루치페르Lucifer라고 불리는 첫 번째 천사의 타락입니다. 그는 숭고하고 축복받은 천사계에서 떨어졌습니다. 자신의 빛나는 아름다움이 천국의 어떤 능력보다도 위대하다고 착각한 교만 때문이었습니다. 자신의 아름다움이 하느님의 배려와 도움 없이 오롯이 스스로의 능력인 것처럼 믿어서, "나는 하늘로 오르리라. 하느님의 별들 위로 나의 왕좌를 세우고 북녘 끝 신들의 모임이 있는 산 위에 좌정하리라. 나는 구름 꼭대기로 올라가서 지극히 높으신 분과 같아져야지"(이사 14,13-14)라며 스스로 하느님인 양 착각했습니다. 이러한 생각 때문에 하느님의 보호가 필요하지 않

다고 믿게 되었고, 그러자 갑자기 그는 약해지고 비참해졌습니다. 그리고 미처 알지 못했던 자신의 변덕스러움과 그에게 주어졌던 하느님의 선물을 잃게 된 사실을 알게 되었습니다.[2] 이후 그는 자신이 받았던 축복이 하느님께서 먼지와 재에서 빚어 만드신 인간에게 넘어갔다는 것을 깨달았습니다. 그래서 질투에 사로잡혀, 자신을 넘어뜨린 교만이라는 똑같은 무기로 사람들을 공격했습니다. "지극히 높으신 분과 같아질 것이다"(이사 14,14)라고 스스로에게 말한 것처럼 아담과 하와에게도 "하느님처럼 될 것이다"(창세 3,5 참조)[3]라고 얘기했습니다. 하느님이 되고 싶다는 그들의 탐욕, 오직 이 이유 때문에 그들은 하느님의 명령을 위반했습니다. 자만에 가득 차면 얼마나 눈이 머는지요! 사람들은 하느님께 대한 순종보다는 멸시를 부추긴 루치페르의 유혹 때문에 자신이 하느님처럼 될 수 있다는 약속이 명백한 거짓임을 알아보지 못합니다.

교만의 대가

6. 자만이라는 씁쓸한 꿀로 만든 매혹적이고 위험한 첫 번째 독약이 사람과 천사를 속였습니다. 이것으로 하늘과 땅

의 창조물, 둘 다 (모두) 쓰러졌습니다. 그러므로 이들은 천국과 낙원이라는 삶의 자리에서 각각 쫓겨났으며, 완전히 몰락했기 때문에 다시는 일어설 수가 없었습니다. 이처럼 교만이란 악의 본성은 기회가 있을 때마다 자신을 드러내어 사람들을 유혹하기 때문에 다윗 임금은 드러내 놓고 교만을 두려워했습니다.

하느님의 적인 교만

7. 방탕, 탐욕, 간음 등 모든 죄는 하느님을 노여워하게 하고 천사나 사람을 통해 심판을 받게 합니다. 그러나 교만은 다른 사람이 아닌 오로지 하느님을 적으로 대합니다. 그래서 성경에도 '하느님께서는 교만한 자들을 대적하신다'(참조: 야고 4,6; 1베드 5,5)라고 쓰여 있습니다. 다른 악한 행동들은 잘못을 저지른 사람에게 그 벌이 돌아가거나 다른 사람들에게 영향을 끼칩니다. 하지만 교만으로 가득 찬 마음만은 하느님을 직접 대적하기에,[4] 하느님께서는 이것을 적으로 간주하십니다. 교만으로 부풀어 오르면 언제나, 하느님의 것을 자신의 것인 양 주장하려고 하기 때문입니다.

영적 교만에 빠진 사람들의 위험성

8. 일반적으로 많은 사람이 교만의 충동에 현혹되지만 가장 위험한 사람은 영적으로 뛰어나다고 자부하는 사람과 부자, 사회적으로 높은 지위에 있는 이들입니다. 교만한 사람일수록 그 위험성이 더 커지기 때문입니다. 교만이라는 악은 지위가 낮은 사람이나 보통 사람들보다는 높은 위치에 있는 사람을 더 강하게 유혹하기 때문에 그 폐악은 더 커집니다. 그래서 성경은 교만에 대해서 이렇게 경고합니다. "교만한 사람들의 식사는 사치스럽다"(하바 1,16).[5] 교만은 선택받은 사람들과 고상한 사람들을 공격합니다. 교만은 자기 자신을 스스로 위대하다고 생각하게 만들기 때문에, 무엇을 행하고 생각하고 말할 때 자신의 지혜와 분별 외에는 다른 아무것도 필요하지 않다고 착각하게 만듭니다. 하느님의 계획에 의해 일이 잘되면 그들은 바로 자신의 능력과 노력으로 그것을 이루었다고 주장합니다. 그래서 "내가 했다", "내가 말했다", "내가 생각했다"라고 소리칩니다. 그리고 하느님의 영광을 자신에게로 돌려서 모든 사람이 자신의 능력 때문에 놀란 것처럼 착각하게 만들어서 자신을 존경하라고 강요합니다. "그들이 하느님을 알아 모시려고 하지 않았기

때문에, 하느님께서는 그들이 분별없는 정신에 빠져 부당한 짓들을 하게 내버려 두셨습니다"(로마 1,28)라는 바오로 사도의 말씀처럼, 하느님께서는 의로운 판결을 통해, 그들을 지켜 주시던 보호를 거둬들이셨습니다. 그들이 모든 것에서 하느님의 섭리를 알아보면서도, 하느님을 찬미하거나 감사드리지 않고, 도리어 자신들을 치켜세우며 게으른 생각에 빠졌기 때문입니다. 그들은 스스로 지혜롭다고 주장하지만 어리석습니다. 그들은 빈틈이 없고 굴복하지 않으며 강하다고 자랑하지만 결국 굴복할 것이며 힘이 없고 약합니다.

교만의 예방

9. 이런 점에서, 우리 마음에 자만이라는 욕망이 커지지 않도록 늘 자신을 살펴야 한다는 점이 명백해졌습니다. 독성이 있고 전염성이 강한 자만이라는 병이 우리 내면에 한 번 자리 잡고 나면, 좋은 일이 있을 때 사람들의 찬사에 쉽게 현혹됩니다. 이때 나쁘고 부당한 마음이 자라나게 되는데, 이것이 교만입니다. 이 두 가지 죄악이 사람의 마음속 가장 깊은 곳에 자리 잡기에, 이것을 경계하지 않으면 치명적일 수 있습니다. 어떤 사람이 영적인 것을 추구한다지만, 자만

이라는 악행 때문에 단식, 유혹을 경계함, 성경 읽기, 심사숙고, 인내, 침묵 등을 금방 중단하게 됩니다. 처음부터 이런 상황을 경계하지 못하면 교만이 생겨나게 됩니다. 그리고 자만의 친구인 교만이 그들을 거짓으로 현혹해서, 스스로 거룩하고 다른 누구보다 뛰어나다고 생각하게끔 만듭니다. 그리고 완덕의 상태에 이르렀기에 절대 타락하지 않을 거라고 믿게 만듭니다.

자만과 교만의 폐해

10. 마지막으로 자만과 교만이 동시에 사람의 마음에 자리를 잡으면, 특히 육적인 욕망을 추구하는 사람들에게 이 두 나쁜 마음은 많은 죄를 불러일으킵니다. 자만은 자기 멋대로 생각하게 만들고, 거짓 교리를 선포하고, 거짓증언과 분개, 격노, 경멸, 중상모략, 불평 등과 같이 여러 가지 나쁜 것들을 불러일으키는데, 이 중 가장 나쁜 것은 신성모독입니다.[6] 누구든지 진실로 죄의 악습에서 벗어나고 싶다면 그 뿌리부터 완전히 잘라 내야 합니다. 죄의 모든 산물은 그 씨가 자라나기 전에 제거해야만 완전히 없어지기 때문입니다.

Martinus Bracarensis
Exortatio humilitatis

브라가의 마르티누스
겸손 권면

머리말

1. 여러분이 하느님의 뜻에 따라 위엄 있는 어떤 자리에 있든 다른 사람들보다 높은 직위에 있든, 저의 이 부족한 권고를 거만한 수사학자의 표현으로 보지 마시고 의미 있게 받아들여 주시기를 부탁드립니다. 겸손의 미덕은 과장된 말보다는 순수한 마음에서 찾을 수 있기 때문입니다. 만약 제가 다소 거칠게 표현하더라도 그것은 저의 본의가 아니라, 어쩌면 진실이 가져다주는 불편함 때문일 것입니다. 모든 일은 쉬울 수도 있고 어려울 수도 있습니다. 쉬운 일이든 어려운 일이든 선택할 수 없는 것이라면, 저는 진실을 자유롭게 이야기할 것입니다. 많은 사람을 책임지는 자리에 있는 사람보다 더 진실을 떳떳하게 알려야 될 사람은 없습니다. 비록 진실이 우리를 힘들게 하더라도, 건강을 위해 반드시 마셔야 하는 쓰고 맛이 없는 해독제처럼 우리는 진실을 받아들여야 합니다.

아첨에 대한 경고

2. 무엇보다 여러분이 달콤한 말로 속삭이며 다가오는 사람들의 많은 유혹에 대해 경계심을 가지기를 당부합니다.

겸손 권면

여러분은 어떠한 경우라도 여러분의 환심을 사기 위해 접근해서 나쁜 행동을 부추기는 거짓된 유혹들로부터 벗어나, 여러분의 굳은 마음이 약해지지 않도록 자신을 보호할 수 있는 방법의 도움을 받으십시오. 그래서 여러분을 현혹하는 달콤하고 듣기 좋은 말보다는 여러분에게 도움이 되는 유익한 말들을 받아들이십시오. 아첨을 즐기는 것은 큰 악덕이며 아첨을 하는 것은 간사한 짓입니다. 임금은 아첨의 즐거움을 누립니다. 하지만 권력자에게 아양을 떨고 그들의 생각에 맞장구쳐 주는 것이 보통 사람들에게는 일반적인 악습이 되었습니다. 만약 여러분이 누군가를 칭찬했을 때 그 칭찬이 권력자에게 호의적으로 받아들여지지 않으면, 여러분은 칭찬한 것을 바로 취소할 것입니다. 또한 칭찬의 대상이었던 그 사람의 실수라도 발견하게 되면, 여러분은 곧바로 입장을 바꿔서 권력자를 기쁘게 하기 위해 그 사람을 비난할 것입니다. 이런 아첨하는 마음이 바람에 흔들리는 배와 같다면 빠져나올 방법이 없습니다. 유유상종類類相從이라는 말처럼, 욕심이 많은 사람 곁에는 욕망을 가진 사람들도 많이 모여들게 마련입니다. 사람들이 하느님을 찬양하듯이 듣기 좋은 말과 아첨으로 여러분을 치켜세울 때, 여러분의 마음을 다스리십시오. 여러분이 이 세상을 떠난 뒤에도 궁극적으로 여러분의 것이 되는 것을 제외하고는 이 모든 것이 본디 여러분의 것이 아니라는 사실을 깨닫게 될 것입니다.

아첨과 겸손

3. 그러므로 여러분을 현혹하는 일이 많다 하더라도 여러분은 널리 알려진 다윗의 교훈을 상기하십시오. "의인이 자애로 저를 때려도 저를 벌해도 좋습니다. 그것은 머릿기름, 제 머리가 마다하지 않으리라. 저들의 악행을 거슬러 저는 늘 기도드립니다"(시편 141,5). 그는 이 말씀을 통해 아첨의 폐해로부터 자신을 보호할 수 있었습니다. 아첨은 죄인의 기름입니다. 아첨은 화장품처럼 우리의 외모를 부드럽고 번지르르하게 만들어서 반짝이게 하지만, 사람에게 중요한 것은 겉모습보다는 내면의 마음입니다. 그래서 다윗 예언자는 아첨꾼의 찬양보다 의로운 사람의 조언이나 바른말이 더 낫다고 얘기합니다. 아첨꾼은 겉과 속이 다른 말을 하기 때문에, 하느님 보시기에 가장 나쁘고 혐오스러운 범죄자라고 여겨집니다. 그러므로 다윗이 아첨꾼을 죄인이라고 부르는 것은 맞는 말입니다. 그는 또 다른 시편에서 그러한 사람에

대해 이렇게 이야기합니다. "그의 입은 기름보다 부드러우나 마음에는 싸움만이 도사리고 그의 말은 기름보다 매끄러우나 실은 빼어 든 칼이라네"(시편 55,22),[1] 의로운 사람에 대해서는 "혀로 비방하러 쏘다니지 않고 제 친구에게 악을 행하지 않으며 제 이웃에게 모욕을 주지 않는 이라네"(시편 15,3)라고 하였습니다. 심지어 사람들은 칭찬할 만한 것도 없으면서, 여러분이 받아들일 수 있도록 설득할 수도 있으니, 복음 속의 우리 주 예수 그리스도의 본보기로 돌아가십시오. 그러면 "임금들의 임금, 주님들의 주님"(묵시 19,16)께서 남기신, 사람들로부터 찬양받았던 그 거룩한 겸손의 좋은 본보기를 우리도 발견하게 될 것입니다. 겸손을 익히십시오. 그래서 아첨이 여러분을 현혹할 때 여러분의 겸손을 마음을 다스리는 지침으로 삼으십시오. 겸손은 사람들이 여러분을 찬양할 때, 그것이 진실로 여러분을 위한 것인지, 얼마나 지속될 수 있을 것인지 알려 줄 것입니다. 겸손은 여러분이 거짓말에 현혹되도록 내버려 두지 않을 것입니다.

겸손과 진실한 말

4. 간단히 말하자면, 이 거룩한 겸손은 아첨자의 모든 감

언에서 여러분을 벗어나게 해 줄 것입니다. 그리고 "너는 먼지"(창세 3,19)라고 여러분의 귀에 속삭이며 천국을 알려 줄 것입니다. 여러분이 "너는 사람이며 죄인이다"라는 경고를 어떠한 경우에도 잊어버리지 않는다면, 겸손은 여러분이 하느님의 자녀로서 올바른 자리에 있도록 인도할 것입니다. 그리고 여러분이 가진 모든 것을 겸손한 마음으로 가꾸고 돌보십시오. 그러면, 이상하게 들릴 수도 있지만, 여러분이 소유한 것 때문에 모여든 사람들의 수는 줄어들겠지만, 여러분의 겸손은 더 빛을 발하게 될 것입니다. 솔로몬은 "네가 높아질수록 자신을 더 낮추어라"(집회 3,18)라고 말합니다. 여러분이 많은 사람을 다스린다 하더라도, 여러분이 다스릴 수 없는 하느님께 홀로 맞선다면 여러분은 완전해질 수 없습니다. 여러분이 자신을 스스로 책임질 수 있을 때, 비로소 다른 사람도 책임질 수 있습니다. 이것은 악한 사람만이 아니라, 특별히 선한 사람을 위한 말이기도 합니다. 하느님의 가르침인 주님의 계명은 죄인뿐 아니라 의인에게도 주어졌기 때문입니다. 진실한 말은 사람을 선하게 할 뿐 아니라, 악에 빠지는 것도 막아 주기 때문입니다. 사실, 의인은 순수한 것을 추구할 뿐 아니라, 비난받지 않는 것을 지향한다고 저는 믿습니다. 하느님께서는 당신을 찬양하는 이들의 듣기 좋은 기도보다 결백하고 단순한 기도를 더 좋아하시며, 달콤한 말로 바치는 이들의 기도보다 순수한 마음과 죄를 짓지 않은 이들의 기도에 더 귀를 기울이십니다. 제가 교만이나 자만에 대해서 이야기해야 한다면, 많은 사람을 다스리는 여러분만큼 적절한 대상이 없습니다. 왜냐하면 여러분이 바라지 않더라도 사람들은 온갖 듣기 좋은 말로 여러분을 치켜세우며 아첨하고 찬양할 것이기 때문입니다. 달콤함만을 주는 사람은 없습니다. 달콤함 속에 숨겨진 불편한 진실을 늘 경계해야 합니다. 그들 모두가 이렇게 아첨과 찬양을 하는 것은 놀라운 일이 아닙니다. 윗사람을 칭송하는 일은 그리 힘들지도 않으며, 두려워할 이유도 별로 없기 때문입니다.

하느님의 채무자

5. 저는 여러분이 겸손해질 수 있는 방법들을 이미 알고 있다고 생각합니다. 그래서 더 말할 필요가 없을지도 모르지만, 그래도 여러분이 자기 건강에 신경을 쓰듯이 여러분에게 한 번 더 당부하고 싶습니다. 왜냐하면 허영심은 명예가 더 높아질 때 항상 더 강해지기 때문입니다. 그래서 저는

여러분이 항상 하느님의 빛 속에서 겸손한 마음으로 걸어가기를 바랍니다. 아우구스티누스도 "하느님의 눈앞엔 인간 양심의 심연조차 환히 드러나 있거늘"[2]이라고 고백하기 때문입니다. "나의 안식처가 어디 있는가? 내 말을 떨리는 마음으로 받아들이는 이다"(이사 66,2)라고 주님께서 말씀하십니다. 저는 여러분이 그리스도의 계명을 온전히 따르기를 열망하며 선한 일로 그것을 다 이루었을 때, 하느님께서 사도들에게 하신 말씀을 떠올리기 바랍니다.

주님께서 그들에게 "너희도 분부를 받은 대로 다 하고 나서, '저희는 쓸모없는 종입니다. 해야 할 일을 하였을 뿐입니다' 하고 말하여라"(루카 17,10)라고 말씀하셨기 때문입니다. 그것은 거저 주어지는 선물이 아니라 종이 갚아야 할 빚입니다. 사람은 누구나 하느님의 채무자이지 채권자는 결코 될 수 없습니다. 하느님으로부터 받지 않은 사람은 아무도 없기 때문입니다. 그래서 하느님에게 돈을 빌려주는 방법을 통해 하느님을 기쁘게 하는 일은 있을 수 없습니다. 바오로 사도는 이렇게 이야기합니다. "누가 그분께 무엇을 드린 적이 있어 그분의 보답을 받을 일이 있겠습니까? 과연 만물이 그분에게서 나와, 그분을 통하여 그분을 향하여 나아갑니

겸손 권면

다. 그분께 영원토록 영광이 있기를 빕니다. 아멘"(로마 11,35-36).

겸손과 교만

6. 보십시오. 이것이 진실이고 그리스도인의 겸손입니다. 여러분은 겸손한 마음으로 여러분 자신과 여러분이 책임을 맡고 있는 사람들을 위해 온 힘을 다하십시오. 겸손한 마음으로 여러분이 이루어 낸 일들을 자기의 능력이라고 생각하기보다는 하느님께 그 공을 돌린다면 모든 악을 이길 수 있을 것입니다. 제가 생각하기에, 우리 안에 억제되어 있는 죄가 매 순간 다시 힘을 얻을 수 있는 이유는, 주님의 전쟁을 치를 때 하느님의 병사였던 다윗처럼 하느님께 의탁하지 않았기 때문입니다. 다윗은 "저희는 당신 힘으로 적들을 물리치고 저희에게 항거하는 자들을 당신 이름으로 짓밟습니다"(시편 44,6)라고 하였습니다. 또 성경에는 "사람은 제 힘으로는 강해질 수 없다. 주님이신 그분께 맞서는 자들은 깨어진다"(1사무 2,9-10)라고도 쓰여 있습니다. 그러면 여러분은 이렇게 물을지도 모르겠습니다. "우리가 하느님께 감사를 드리고 있지 않습니까? 찬미를 드리고 있지 않습니까?" 저도 그

렇게 생각합니다. 하지만 문제는 우리가 감사와 찬미를 드릴 때, 속으로는 하느님에게 그 공을 돌리지만, 겉으로는 우리 스스로를 치하한다는 것입니다. 그리고 하느님께는 입술로만 찬양을 드리지만, 우리 자신에게는 입술과 마음으로 다 찬사를 보낸다는 것입니다. 이러한 행동들이 종종 겸손한 사람도 다시 죄에 빠지게 합니다. 교만이라는 죄는 마귀들에게 큰 힘이 되기 때문입니다.

낮아지는 것은 높아지는 것

7. 그러므로 스스로 부족하다고 자신을 낮추는 겸손한 마음만이 모든 것을 할 수 있게 만들며, 자신에게가 아니라 항상 하느님께 공을 돌림으로써 모든 좋은 것을 얻을 수 있습니다. 만약 누군가가 겸손을 통해서 다른 사람들의 섬김을 받게 된다면 나락으로 떨어지지 않습니다. 다른 모든 성덕은 고행적 수행을 통해 우리를 완전함으로 나아가게 합니다. 그러나 겸손함은 오르막길이 아니라 내리막길처럼 얼핏 쉬워 보일지 몰라도 이 길을 걷는 사람들을 천국으로 안내합니다. 또한 겸손은 다른 성덕에 비해 평지같이 평범해 보이고, 심지어 다른 것보다 낮아 보이지만 실제로는 천국보

다 높이 있습니다. 성도들은 겸손을 통하여 "행복하여라, 마음이 가난한 사람들! 하늘나라가 그들의 것이다"(마태 5,3)라는 주님의 말씀을 지킴으로써 미래의 축복이라는 상급을 받습니다. 마음이 가난하지만 하느님의 영 안에서 부유한 사람은 실로 겸손한 사람입니다. 자기 스스로 영적으로 부유하다고 생각하는 사람은 자만심으로 가득 차서, 교만으로 부풀어 오른 사람과 같습니다.

소중한 반석인 겸손

8. 이제 제가 이 성덕을 어떻게 얻을 수 있는지 설명하는 동안, 여러분은 겸손한 마음가짐으로 잠시 들어 주십시오. 우선, 여러분이 선한 일을 하고자 한다면, 칭찬받으려는 마음이 아니라 선한 일에 대한 열망과 사랑을 가지고 시작하십시오. 그리고 그것이 무엇이든지 간에 이 선한 일을 완수한다면 다음을 조심하십시오. 자신을 칭찬하고 선행을 통해 명성을 얻을 생각에 인간의 칭찬을 받기 위해 자신을 과대평가하지 않도록 마음을 조심스럽게 다스리십시오. 영광은 여러분이 쫓으면 도망가고, 여러분이 도망가면 쫓아오는 그림자와 같기 때문입니다. 항상 스스로를 낮추고 이것을 명

심하십시오. 어떤 좋은 일이 여러분에게 생기면, "그대가 가진 것 가운데에서 받지 않은 것이 어디 있습니까? 모두 받은 것이라면 왜 받지 않은 것인 양 자랑합니까?"(1코린 4,7)라는 바오로 사도의 말씀을 상기하면서, 거저 받은 여러분에게가 아니라, 그것을 주신 하느님께 공을 돌리십시오.³ 그리고 바오로 사도의 이 말씀도 새기십시오. "온갖 좋은 선물과 모든 완전한 은사는 위에서 옵니다. 빛의 아버지에게서 내려오는 것입니다"(야고 1,17).⁴ 그리고 여러분의 마음속에 성령의 궁전을 세울 때, 이 거룩한 겸손을 가장 소중한 반석으로 사용하십시오. 겸손한 마음으로 기도하고 다윗 예언자의 노래를 부르십시오. 단지 말씀뿐 아니라 삶으로도 찬미의 노래를 부르십시오. "주님, 제 마음은 오만하지 않고 제 눈은 높지 않습니다. 저는 거창한 것을 따라나서지도 주제넘게 놀라운 것을 찾아 나서지도 않습니다"(시편 131,1). 이 노래는 여러분이 자신을 낮추고 하느님만을 찬양할 때, 진실로 하느님께 봉헌할 수 있습니다. 그리고 믿음으로 충만해진 신실함으로 날마다 "당신을 찬양함이 마땅합니다"(시편 65,2)라고 고백하게 만들 것입니다.

겸손 권면

Martinus Bracarensis
De ira

브라가의 마르티누스
분노

친애하고 존경하는 비티메르 주교님께 마르티누스 주교가 드립니다.

광기인 분노

1. 얼마 전 주교님과 대화를 나누던 가운데 분노라는 감정에 대해 이야기했습니다. 그때 주교님께서 저에게 분노라는 감정과 그것의 상호작용에 관한 우리의 대화를 글로 잘 요약하면 좋겠다고, 진심 어린 마음으로 저에게 요청하셨습니다. 저는 기쁜 마음으로 그 작업을 시작하였습니다. 주교님의 바람에 맞추고자 이 글을 통하여, 어떻게 하면 분노를 없앨 수 있는지, 분노를 완전히 없앨 수 없다면 진정시키는 방법은 있는지에 관한 이야기를 하고자 합니다. 몇몇 지혜로운 사람들이 이르기를, "분노란 급작스럽게 표출되는 광기"라고 했습니다. 분노로 인해 우리는 스스로를 통제할 수 있는 힘을 상실하기 때문입니다. 그리고 분노는 마음의 눈과 귀를 닫게 만들고 부주의하게 만들어 친밀한 유대 관계에 상처를 입히기 때문입니다. 또한 거짓 평계에 휘둘려 올바른 충고를 외면하게 만들고, 깊이 생각하지 못하게 하는 일종의 윤리적인 질병이라고 말할 수 있기 때문입니다. 분노

로 타인에게 상처 입힌 사람은 자신도 분노로 멸망하게 될 것입니다.

분노의 양상

2. 겉으로 표출되는 분노는 굳어진 표정에서 드러납니다. 그 표정이 늘 위협적이고 우울합니다. 또한 의심의 눈초리를 보내며, 안색이 창백하거나 벌겋게 상기되곤 합니다. 다혈질적 기질 탓에 얼굴색이 변하고, 상냥한 표정을 이내 험악한 표정으로 바꾸어 버립니다. 눈에서 불꽃이 튀고, 입술은 떨리고, 이를 갑니다. 가쁜 호흡으로 인해 심장박동이 빨라집니다. 신음소리를 내며, 말투는 언제라도 폭발할 것만 같습니다. 거칠게 폭발하는 목소리 탓에 목에 핏대를 세웁니다. 양손을 가만히 두지 못하며, 수시로 손가락을 쥐락펴락하거나 손가락을 튕겨 소리를 냅니다. 이를 부딪쳐 소리를 내고, 안절부절못합니다. 다리를 떨고 사지를 건들거립니다. 곧, 몸 전체가 통제할 수 없는 움직임과 떨림에 사로잡혀 공격성을 드러냅니다. 분노는 그 사람의 모습을 괴상하고 끔찍하게 만들며 자기 모습이 혐오스러운지도 추한지도 분간하지 못하게 만듭니다. 겉으로 드러나는 모습이 이토록

몸서리칠 정도로 불쾌하다면, 그 내면에 있는 영혼이 어떤 모습일지 짐작할 수 있지 않겠습니까? 이 외에도 감춰지고 숨겨진 악습들이 있는데, 분노는 표정으로 드러납니다. 분노가 클수록 악습들을 더 강하게 부채질한다는 것은 명백한 사실입니다. 따라서 지혜로운 사람들이 분노에 휩싸이는 것보다 더 부적절한 것은 없습니다.

분노가 끼치는 영향

3. 분노는 모든 것을 바꿔 버립니다. 훌륭하고 의로운 이들을 정반대의 모습으로 돌변하게 만듭니다. 분노에 사로잡힌 사람은 자신의 본분을 망각하게 됩니다. 아버지가 분노에 빠진다면 그는 더 이상 아버지가 아니라 원수처럼 보일 것입니다. 왕이 분노에 빠진다면 그는 폭군이 될 것입니다. 전쟁터에서조차 분노는 쓸모없습니다. 무모한 행동을 하도록 충동질하기 때문입니다. 분노가 올바로 통제되지 않는다면, 분노는 눈앞에 보이는 한 가지 위험에만 몰두한 나머지 다른 여러 가지 위험한 상황들을 허투루 넘기게 합니다. 그로 인하여 더 큰 위험을 몰고 옵니다. 분노에 사로잡힌 사람은 자기 기분에 따라 판단합니다. 들으려고 하지 않고, 도움

의 손길도 뿌리칩니다. 심지어 자신이 틀렸다는 것이 밝혀진 경우에도, 변해야 한다는 충고를 들으려 하지 않습니다. 자신의 오류마저도 옹호하고 고수하려고 합니다. 그리하여 자신에 대한 비판은 아예 듣지 않으려 하고, 자신 앞에 올바른 길이 놓여 있음에도 그 길을 가려 하지 않습니다. 자신의 책임과 과오를 인정하고 수정하는 대신 고집스러움과 완고함을 더 선호합니다. 자신을 충동질한 계기가 매우 하찮은 것일지라도, 자신의 뜻을 굽히지 않고 밀고 나갑니다. 타당한 이유 없이 그 일을 시작했다는 사실이 드러나지 않게 하려는 것입니다. 또한 분노에 휘둘리고 있음이 드러나더라도, 자신의 뜻을 이뤄 내기 위해 더 고집을 부리고 더 강하게 주장합니다. 분노는 위협적인 면이 커지는 만큼 그 완고함도 커집니다. 따라서 분노가 더 위협적이 된다는 것은, 그 혐오스러움이 더 커졌다는 뜻입니다. 분노를 표출할 힘이 없을 때에는 분노는 멸시와 경멸로 드러나며, 비웃음을 숨기지 못합니다. 분노를 터뜨리면 자신에게 위험할 수 있기 때문에 차라리 비웃음으로써 모면하려는 것입니다.

  분노는 다른 모든 충동들을 지배하기 때문에, 분노에 지배되지 않는 영혼 안에는 교만함이 없습니다. 사실 분노는 가장 추하고 가장 완고한 악습이라고 불리는 탐욕보다 더 강합니다. 분노라는 감정 때문에 자신이 소유하고 있는 것을 파괴하고 흩어 버리는 경우를 자주 목격하지 않습니까? 분노의 폭력성은 갑작스럽게 그리고 전면적으로 드러납니다. 분노는 천천히 점진적으로 자라나지 않고, 시작과 동시에 일순간에 거대하게 자라납니다. 분노는 다른 악습들처럼 영혼을 파괴하는 정도가 아니라 아예 없애 버립니다. 다른 악습들은 영혼을 천천히 유혹하지만, 분노는 마치 폭포 또는 강풍처럼 거꾸로 곤두박질치듯 달려듭니다. 그것에게 저항할 수 있는 것은 아무것도 없습니다. 완고함으로 교만해지거나 좌절로 인해 미쳐 버립니다. 다른 악습들은 비이성적으로 행동하게 만들지만, 분노는 아예 미치광이가 되게 합니다. 왜냐하면 무너뜨리고자 하는 대상이 있을 때에는 자기 자신을 괴롭히지 않지만, 적대자가 사라지면 금세 돌변해서 자기 자신을 스스로 물어뜯기 때문입니다. 다른 악습들은 그들의 희생양을 하나하나 무너뜨리지만, 분노는 때때로 다수의 희생양을 공공연하게 그리고 동시에 공격합니다. 모든 백성이 간음과 우상 숭배의 욕망에 사로잡힌 나라는 없었습니다. 모든 나라가 희망을 저버리고 오직 탐욕에

만 눈이 먼 경우도 없었습니다. 모든 사람이 출세의 명예욕에 사로잡힌 경우도 없었습니다. 몇몇 사람이 그러했을 뿐입니다. 그러나 분노는 사람들을 집단적으로 사로잡을 수 있으며, 마치 전투에 돌입하는 사람들처럼 만듭니다.

분노를 다스리는 방법

4. 분노를 다스리는 첫째 방법은 화를 내지 않는 것입니다. 둘째 방법은 화를 내더라도 빨리 그치는 것입니다. 셋째 방법은 다른 사람의 분노를 가라앉히는 것입니다. 분노에 빠지지 않아야 하지만 그럼에도 분노가 생겼을 때 우리가 고려해야 할 점은 분노로 인한 죄를 짓지 않는 것입니다. 육신의 건강도 마찬가지입니다. 육신의 건강을 유지하기 위해서는 먼저 원기를 회복해야 하고, 혹시라도 병으로 쇠약해졌다면 속히 치료를 받아 건강을 되찾아야 합니다. 마찬가지로 분노가 치솟아 오를 때는 일찌감치 멈추게 해야 하며, 이미 솟아오른 분노는 가라앉혀야 합니다. 별들과 가까운 공중의 높은 영역은 구름으로 응축되지도 폭풍우로 변하지도 않습니다. 그러나 낮은 영역에는 번개가 자주 칩니다. 이와 마찬가지로, 고매한 영혼은 늘 조용하고 평온하며 분노

를 일으키는 것들을 저 밑으로 밀어냅니다. 그리하여 그는 겸손하고 또 마땅히 존경받을 만합니다. 반면에 많은 일로 분주하고 여러 가지 행위를 한꺼번에 하려 드는 영혼은 자주 다툼에 빠져듭니다. 자신의 바람이 성취되지 않으면, 핑계를 대거나 의지를 꺾어 버립니다. 그러면서 모든 면에서 조급해지고, 사소한 일에도 화를 내게 됩니다. 어떤 때는 사람에게, 어떤 때는 업무와 관련해 화를 냅니다. 어떤 때는 장소를 탓하고, 또 어떤 때는 시간을 탓합니다. 그리하여 결국에는 자기 자신에게까지 화를 내게 됩니다. 영혼이 평온하려면 너무 많은 일을 하느라 지쳐서는 안 됩니다. 힘에 부치는 과도한 욕심을 부려서도 안 됩니다. 힘에 부치지 않는 가벼운 일이라면 어깨에 짊어지기도 쉽고, 또 그것을 떨어뜨리지 않고 한쪽에서 다른 쪽으로 옮기기도 쉽습니다.

분노를 이겨 내는 방법

5. 따라서 우리는 분노의 첫째 원인과 싸워야 합니다. 분노의 시작은 모욕감을 느꼈을 때입니다. 이때 우리는 우리의 감정을 쉽사리 믿어서는 안 됩니다. 오히려 마음을 열고, 결정을 내릴 때에도 성급해서는 안 됩니다. 때때로 거짓이

참인 것처럼 보이기 때문입니다. 잠시 동안 그 문제를 옆으로 제쳐 놓으십시오. 모욕을 준 대상을 비난하는 소리를 들으려고 하지 마십시오. 우리는 한 가지 악습을 늘 경계해야 합니다. 그 악습이란, 우리가 본의 아니게 듣게 되는 것들을 쉽게 믿고, 그로 말미암아 화를 낸다는 것입니다. 많은 경우에, 의심의 시선으로 영혼이 흔들리게 되면 상대방의 용모나 웃음에 대하여 최악의 평가를 내려 버립니다. 그리하여 무고한 이에게 화를 냅니다. 깊이 생각하지 않고 쉽게 믿어 버리는 '가벼운 마음'(輕信)은 악마와 거래하는 결과를 초래합니다. 따라서 자꾸만 듣고 싶어 하는 욕망을 멈추고 우선 의심을 없애야 합니다. 절대로 논쟁하려 들지 마십시오. 스스로 단정 지은 것에 휘둘리는 것은 현혹당하는 것입니다. 그러므로 어떤 사건을 대할 때는 정직함과 관대함을 가지고 판단해야 합니다. 당신이 두 눈으로 명백하게 본 것이 아니라면 아무것도 믿지 마십시오. 또한 의심이 일어날 때마다 '가벼운 마음'을 강하게 질책해야 합니다. 이러한 질책은 덥썩 믿지 않는 습관을 키워 줄 것입니다.

분노하지 않으려면 호기심을 떨쳐 버리십시오. 자신의 처지를 비관하면서 불평하는 사람은, 비록 남들이 모른다 하더라도 자기 자신을 슬프게 만들 뿐입니다. 마음속에서 떠오르는 말들을 생각 없이 받아들이는 것은 잘못된 결과를 초래할 뿐입니다. 반면에 그 말을 받아들일 때 깊이 생각해서 어떤 것은 거부하고 어떤 것을 인정한다면, 분노를 미리 막을 수 있습니다. 지혜로운 사람은 타인의 잘못에 관대하며 그것을 마음에 담아 두지 않습니다. 또한 그것을 알게 되거나 모르는 경우에도, 타인의 실수를 즐겁고 유쾌한 말로 덮어 줍니다. 만일 사실이 아닌 것에 대하여 불평하거나 의심하면서 사소한 문제를 심각하게 만든다면, 그것은 스스로를 분노 속으로 집어 던지는 것이 됩니다. 스스로 분노에 다가가는 것은 분노가 다가오는 것보다 더 위험합니다. 절대로 분노에 빠지지 마십시오. 분노가 슬금슬금 자라날 때 과감히 쳐내야 합니다. 모욕과 중상에 예민하게 반응하지 않는다는 것은 그만큼 관대하다는 뜻입니다. 사실 많은 사람이 자신에게 향하는 작은 비난을 더 크게 되갚으려 합니다. 우리가 추구해야 할 위대한 영혼은 작은 비난에도 귀를 기울일 줄 아는 그런 영혼입니다. 마치 거대한 맹수가 작은 강아지의 짖음에도 주의를 기울이는 것과 같습니다. 비난에 대하여 복수하기보다는 잘 새겨 두는 편이 더 낫습니다. 강한 비난을 인내로써만이 아니라 기쁜 마음으로도 견디어 내야 합니다. 당신을 비난하는 사람들이, 자신들의 비난으로써 당신이 상처를 입었다고 생각하게 된다면, 또다시 공격해 올 것입니다. 비난에 대해 복수하는 것은 옳은 일이 아닐뿐더러, 때로는 그것을 지적해 주는 것도 그다지 도움이 되지 않습니다. 따라서 당신과 갈등 관계에 있는 상대방이 당신보다 우월한 지위에 있는 사람이건 동등한 위치에 있는 사람이건 아니면 열등한 위치에 있는 사람이건 그것과는 상관없이 분노를 억제하십시오. 당신보다 우월한 지위의 사람과 싸우는 것은 그 사람의 분노를 자아내는 것이고, 당신과 동등한 위치에 있는 사람과 싸우는 것은 의심만 낳을 뿐이며, 당신보다 열등한 지위의 사람과 싸우는 것은 부끄러운 일입니다.

생각이 깊어야 한다

6. 일반적으로 우리는 누군가 우리에게 전해 준 이야기 때문에, 또는 본인 내면의 소리 때문에, 아니면 우리가 본 것들로 말미암아 상처를 입곤 합니다. 그러므로 누군가 우리에게 전해 준 소식들을 쉽게 믿지 마십시오. 왜냐하면 누군

가는 우리를 속이려는 목적으로 거짓말을 하고, 또 어떤 사람은 그 자신도 이미 속아 넘어가 자기가 거짓말을 하는지조차 모르고 있기 때문입니다. 어떤 사람은 누군가를 비난함으로써 자신을 정당화하고, 단지 수다를 떨기 위해서 상처 주는 말을 쏟아 냅니다. 또한 우정을 깨뜨리려는 나쁜 의도를 지니고, 아니면 적어도 자신의 원수를 비난하려는 목적을 지니고 당신에게 그 사람에 관하여 험담하는 사람들도 있습니다. 어떤 사람이 당신을 비방하는 소리를 들었습니까? 그대가 먼저 이 일을 시작한 것은 아닌지 생각해 보십시오. 그대가 얼마나 많은 비방을 했는지 생각해 보십시오. 처음부터 나쁜 의도로 시작한 것은 아니었지만 변질된 비방도 있고, 믿었던 이들에게서 온 비방, 우리를 반대하는 이들이 악의를 가지고 한 비난도 있다는 점을 생각하십시오. 어떤 비방은 그것이 비방인지 깨닫지 못한 채 내뱉은 것이기도 합니다. 어떤 경우에는, 비록 잘못되기를 바라지는 않았지만, "그저 가벼운 농담일 뿐이야"라는 유혹에 굴복하여 비방합니다. 또는 우리에게 상처 주려는 의도라기보다는 자기가 뜻하는 바를 얻을 다른 방법을 찾지 못해서 하는 비방도 있습니다. 당신이 무엇인가를 듣거나 보게 되었을 때, 먼저 상

분노

대방의 본심과 의도를 파악하고 그의 마음을 헤아려야 합니다. 그가 의도적으로 한 일인지, 우발적으로 한 일인지, 속아서 한 일인지, 어쩔 수 없이 한 일인지 헤아려야 합니다. 어른이라면 어린이를 너그럽게 이해해야 합니다. 어린이는 자신이 잘못했다는 것을 알지 못하기 때문입니다. 너그러운 마음으로 낯선 사람을 이해해야 하고, 친밀함으로 주변 사람을 대해야 합니다. 만일 어린이가 처음으로 당신에게 그런 일을 저질렀다면, 그가 그동안 얼마나 당신에게 잘했는지를 생각해 보십시오. 만일 그가 자주 당신에게 그런 일을 저질렀다면, 그동안 당신이 인내하며 참아 왔음을 떠올리십시오. 누가 시켜서 그런 일을 한 것입니까, 아니면 어떤 필요에 의해 어쩔 수 없이 그런 것입니까? 그렇다면 당신이 그에게 화를 낼 필요가 없습니다. 만약에 상처를 입었다면, 그대가 늘 그랬던 것처럼 참고 견딘다면 상처를 입지 않을 것입니다. 그가 재판관입니까? 그가 유죄판결을 내렸다면, 필요에 의해 그랬을 것이라고 생각하십시오. 그가 친구입니까? 그는 자신의 의지와는 반대로 그런 일을 한 것입니다. 그가 여러분의 적대자입니까? 그는 자신이 해야 할 일을 했을 뿐입니다. 그가 당신의 아버지입니까? 비록 지금 당장은 상처를 주더라도, 그보다 더 큰 선익을 위해 그렇게 했을 것이라고 생각하십시오. 그가 말 못하는 동물입니까? 당신이 그 동물에게 화를 낸다면, 당신은 동물과 다를 것이 없습니다. 요약하자면, 당신에게 상처를 준 사람이 선한 사람이라면 그 일을 믿지 마십시오. 악한 사람이라면 그 사람처럼 되지 마십시오. 그 사람이 지혜로운 사람이라면 그를 인정해 주고, 어리석은 사람이라면 용서해 주십시오. 사람은 누구나 자신의 내면에 임금이 되고픈 마음을 품고 있어서, 타인 위에서 맘껏 힘을 휘두르고 싶어 합니다. 그러나 반대로 그런 힘에 자기가 휘둘리게 되는 것은 싫어 하지요. 자신을 상처 입게 하는 말이나 행동들이 언제든 있을 수 있음을 늘 염두에 두는 사람은 실제로 그런 일이 일어났을 때 그리 화내지 않을 것입니다.

죄로써 죄를 바로잡을 수 없다

7. 이 모든 것 가운데 가장 어리석은 것은 가장 사소하고 가장 하찮은 것 때문에 흥분하는 것입니다. 만일 당신에게 아직 충분히 숙련되지 않은 어린 종이 있다고 생각해 봅시다. 그런데 그가 마실 물을 너무 뜨겁게 준비했거나, 당신의

잠자리를 잘 준비하지 않았거나, 식탁을 성의 없이 차렸습니까? 또는 파리 한 마리가 계속 '윙윙'거리며 신경이 거슬리게 하는 와중에 그 종이 가지고 있던 열쇠를 부주의하게 다루다가 떨어뜨렸습니까? 그러나 그 일들이 당신에게 화풀이를 한 것이거나 악의를 지니고 한 일이 아니라면, 그 무죄한 종을 용서해 주십시오. 어리석게도 우리는 자주 우리의 분노를 쏟아부을 가치도 없는 일에 자극을 받아 휘둘리곤 합니다. 사람 때문에 쌓인 분노를 사물에게 드러내는 것보다 더 어리석은 행동이 어디 있겠습니까? 그러한 영혼은 병든 영혼이며 미풍에도 심하게 요동치는 위태로운 영혼입니다. 쾌락에 젖어 영혼과 육체 모두가 병들었을 때에는 모든 것이 견디기 힘든 일이 되어 버립니다. 분노가 강해서가 아니라 분노에 쌓인 그 사람이 약하기 때문입니다. 무절제하고 다혈질적인 생활보다 더 쉽게 분노에 빠지게 하는 것은 없습니다. 우리의 감정은 어떠한 상황에서도 흔들리지 않도록 강하게 단련되어야 합니다. 잘못한 이를 바로잡는다는 구실로 분노를 드러내서는 안 됩니다. 분노는 영혼의 죄이기에, 죄로써 죄인을 바로잡을 수는 없기 때문입니다. 만일 누군가 다른 사람의 잘못을 바로잡기 위해 화를 냈다면, 그것은 단순히 화를 낸 것이 아니라, 그 잘못에 분노를 더함으로써 더 큰 죄악을 초래한 것이 됩니다. 화를 내는 것에 그치지 않고 자신이 미쳐 버릴 수도 있을 것입니다. 따라서 지혜로운 사람은, 마치 의사가 환자의 상태를 살피듯이, 그렇게 평온한 상태에서 도둑질이나 사기 등 여러 가지 죄악을 객관적으로 바라봅니다. 비록 분노가 솟구치더라도, 터져 나오게 해서는 안 됩니다. 때때로 분노가 크게 솟구치더라도 말입니다. 만일 여러분의 이성적인 호소에 귀를 기울이지 않는, 마음이 게으른 이들을 일깨우고자 한다면, 분노를 드러냄으로써가 아니라 그들의 마음에 게으름에 대한 두려움을 불러일으킴으로써 깨어나게 하십시오.

내면의 목소리에 귀를 기울이다

  8. 그 누구도 분노에 빠지지 않기를 바라는 마음에 계속 글을 씁니다. 분노를 억제하고자 노력했음에도 폭발했다면, 그에 대한 가장 좋은 치유책으로 잠시 동안이라도 그 분노를 붙잡아 두는 것입니다. 가장 먼저 해야 할 일은 분노를 정당화하지 말고, 도리어 분노를 식별하는 것입니다. 여러분이 잠시 숨을 고른다면 분노는 멈출 것입니다. 분노를 한번

에 없애려고 하지 마십시오. 왜냐하면 처음에는 매우 위력적이기 때문입니다. 분노의 끝이 어떠할지를 고민하는 동안만이라도 잠시 분노의 한 부분을 묶어 두십시오. 그러면 분노는 완전히 정복될 것입니다. 그러므로 맨 먼저 해야 할 일은 분노의 열기를 식히는 것입니다. 그러면 마음에 드리웠던 안개가 다소 걷힐 것입니다. 만일 솟구치는 분노를 이겨낼 수 없다면, 지금까지 참아 왔던 기억을 떠올리면서 참아 내십시오. 그러면 분노를 굴복시킬 수도 있을 것입니다. 하지만 이것은 위험한 방법이기도 합니다. 분노는 어떻게 해서든 표출되려 할 것이기 때문입니다. 그래서 눈에서 살기를 내뿜고 낯빛을 바꿔 놓을 것입니다. 그리고 조금의 틈이라도 발견한다면, 이미 분노는 우리의 통제를 벗어난 것입니다. 그리고 분노는 마음속 자기만의 은신처로 숨어 버릴 것이며, 우리로 하여금 분노를 쫓아내는 것을 포기하게끔 만들 것입니다. 그러므로 우리가 해야 할 일은 분노가 지닌 모든 성질을 정반대의 것으로 변화시키는 것입니다. 그 변화란, 호흡을 고르게 하고, 목소리를 부드럽게 하며, 느리게 행동하는 것입니다. 그리하여 조금씩 내면의 것이 외면의 것을 변화시키도록 해야 합니다. 이렇게 바꾸어 간다면, 비록 누군가가 여러분의 분노에 대해 알고 있더라도, 여러분이 화가 났다는 것을 알아차리지 못할 것입니다. 따라서 우리는 내면의 목소리에 귀를 기울여야 합니다. 그것이 우리를 옳은 길로 인도할 것입니다. 우리 스스로도 피할 수 없었던 일들을 가지고 다른 사람들을 비난하는 것이 과연 우리에게 유익한 일이겠습니까? 이런 비슷한 경험을 하고 있지 않습니까? 같은 실수를 반복하지 않습니까? 그러므로 한때 우리에게 분노했던, 그러나 지금은 우리가 분노하는 그 사람의 내면에 있는 장점들을 떠올리십시오. 곧, 지금 내가 느끼는 부정적인 감정들을, 과거 그의 선행을 떠올림으로써 없애십시오. 그러면 우리는 더 온화한 사람이 될 수 있을 것입니다. 또한 우리는 관대하다는 평판을 들을 것이며, 많은 칭찬을 받을 것입니다. 용서는 우리를 참된 친구가 되게 할 것입니다. 분노를 우정으로 변화시키는 것보다 더 칭찬받아 마땅한 것은 없습니다. 누군가 화가 났다면, 친절함으로 그를 변화시키십시오. 한쪽이 동조하지 않으면 싸움은 순식간에 끝나 버립니다. 사실 양측이 서로 들고 일어나야 싸움이 벌어지는 법입니다. 그렇게 양측이 모두 싸우자고 덤벼들 때, 분노는 아주 쉽게 둘 사이에 자리를 잡습니다. 먼저 한 발 물러서는 사람이 용감한 사람입니다. 때린 사람이 아니라 맞은 사람이 승자가 되는 경우가 자주 있습니다. 누가 당신을 때렸습니까? 그러면 물러서십시오. 만일 여러분이 맞은 것을 때림으로써 되돌려 준다면, 여러분은 그에게 여러분을 또다시 때릴 좋은 핑계를 제공한 꼴이 되고 맙니다. 그러면 여러분이 싸움을 그만두고 싶어도 여러분의 뜻대로 할 수 없게 되고 맙니다.

모든 인간은 죄로 기우는 경향을 지닌 약한 존재다

9. 자신에게 잘못한 사람에게 분노로 되갚는 사람은 악을 악으로 갚는 사람입니다. 나귀나 개에게 물렸다고 해서, 그것들을 발로 차고 공격하는 것이 과연 옳은 일이겠습니까? 여러분은 이렇게 말할 것입니다. "그것들은 자신이 잘못했는지조차 모릅니다." 판단력이 부족한 사람도 이와 같습니다. 자신이 당한 악을 똑같은 악으로 되갚아 준다면, 그가 말 못하는 짐승들과 다른 점이 무엇이겠습니까? 누군가에게 분노하고 있다면, 그 사람의 입장에서 생각해 봅시다. 상대방의 입장에서 생각해 보면, 우리를 분노하게 한 그것이 어쩌면 우리의 부당한 평가에서 비롯되었을 수도 있다는 것

을 깨닫게 될 것입니다. 우리가 당하고 싶지 않은 바로 그것을 지금 우리가 누군가에게 하려고 하기 때문입니다. 또한 지혜로운 사람일지라도 실수를 할 수 있다는 점을 기억하십시오. 지혜로운 사람도 죄를 지을 수 있다면, 그보다 못한 사람들의 잘못은 충분히 용서받을 수 있지 않겠습니까? 아무리 죄짓는 것을 피하려 할지라도, 사람은 어쩔 수 없이 죄를 지을 수밖에 없습니다. 그러므로 제아무리 힘센 사람이라도 상처를 입을 수 있음을 기억한다면, 멸시를 당할 때 큰 인내심으로 참아 낼 수 있을 것입니다. 죄인에게는 자신이 한 일을 되돌아봄으로써 스스로 고칠 수 있도록 성찰의 방을 제공하십시오. "어찌하여 그의 잘못을 처벌하지 않습니까?" 하고 말하는 사람도 있을 것입니다. 그러나 그의 잘못을 잊읍시다. 그 자신은 잊지 않을 것이기 때문입니다. 사실 참회로 자기 자신을 단죄하는 사람보다 더 심하게 그를 괴롭힐 수 있는 사람은 없습니다. 우리는 우리의 나약함을 인정해야 합니다. 그러면 어떤 상황에서도 평정심을 잃지 않을 것입니다. 인간이라면 누구나 가지고 있는 악한 마음을 한 개인의 책임으로 돌리는 것은 옳지 않습니다. 우리는 모두 배려심이 부족하고, 앞날을 예측할 수 없어 불안하며, 그래서

분노

불평불만을 쏟아 내고, 야심마저 가득합니다. 이러한 공공연한 악을 어떻게 몇 마디 낱말로 다 표현할 수 있겠습니까? 우리 모두는 악합니다. 누군가의 내면에서 발견할 수 있는 것이라면 그것이 무엇이든 간에, 그와 똑같은 것을 우리 내면에서도 발견할 수 있습니다. 이처럼 우리는 악하기도 하고 또한 악 가운데 살고 있기도 합니다.

분노는 반드시 극복해야 한다

  10. 그렇다면 이제 어떻게 하면 타인의 분노를 잠재울 수 있는지에 대하여 생각해 봅시다. 우리는 우리 자신이 건강하길 바랄 뿐 아니라 타인도 그렇게 되기를 바라기 때문입니다. 누군가 분노하기 시작했을 때에는 이성적인 충고로는 그의 분노를 가라앉힐 수 없습니다. 분노란 귀머거리이고 고약한 녀석이기 때문입니다. 의사가 환자를 치료할 때, 환자의 고통이 극심한 순간이 아니라 어느 정도 통증이 사라진 뒤에야 치료를 하는 것이 더 효과적입니다. 마찬가지로 우리는 분노에게 시간을 주어야 합니다. 또 다른 예를 들자면, 누군가 눈이 부었을 때 눈에 직접 연고를 바르는 것은 그 상태를 더욱 악화시킬 따름입니다. 지혜로운 사람은 화

가 난 친구에게서 모든 종류의 복수심을 은밀하게 없애 줍니다. 그리고 자신도 화가 난 듯 행동합니다. 그렇게 화가 난 친구의 마음을 알아주는 다른 누군가가 있다는 동질감을 심어 줌으로써, 자신의 충고가 친구에게 더욱더 효과가 있게 할 것입니다. 그는 분노를 늦출 방법을 찾을 것입니다. 또한 더 크게 복수할 방법을 찾자고 그를 설득하여 분노를 잠시 뒤로 미뤄 두게 합니다. 그러고는 모든 방법을 동원하여 그의 적개심을 가라앉히고자 애씁니다. 이 방법이 효과를 보인다면, 그때에 비로소 친구에게 조언을 하십시오. 그 친구가 느낄지 모를 수치심이나 두려움을 줄여 준다면, 더 큰 저항을 하지 않을 것이기 때문입니다. 누군가에게는 "나는 지금 매우 흥분했어. 그리고 비통함을 참을 수 없어. 그렇지만 지금은 좀 기다려야 할 때인 것 같아. 그는 대가를 치르게 될 거야. 정신 바짝 차리고 있다 보면, 너는 그에게 네가 받은 것에 이자를 붙여서 되돌려 줄 수 있는 날이 올 거야"라고 말할 수도 있습니다. 또 누군가에게는 "네가 화를 내고 분노한다면, 도리어 그는 네 모습을 보고 더 기뻐할 거야"라고 말해야 하고, 또 다른 누군가에게는 "많은 사람이 믿고 있는 너의 그 관대함과 장점들을 잃지 않았으면 해"라고 말할 수도 있습니다. 의사들을 보더라도 이것을 이해할 수 있습니다. 의사들은 환자들에게 수술용 칼을 숨깁니다. 환자들이 예상치 못했던 그 칼을 보게 됨으로써 더 큰 고통을 느낄 수도 있기 때문입니다. 따라서 이러한 속임수로써만 치유할 수 있는 것들도 있다는 점을 기억하십시오. 화가 난 사람에게 더 큰 화를 내면 도리어 그를 자극할 뿐입니다. 이처럼 분노는 다양한 방법을 통해 반드시 치유되어야 합니다.

Martinus Bracarensis
Formula vitae honestae

브라가의 마르티누스
진실한 삶의 방식

지극히 영광스럽고 차분한 인품을 지니셨으며 가톨릭 신앙을 위해 탁월한 신심을 부여받으신 '미로' 전하께 마르티누스 주교가 올립니다.

머리말

1. 지극히 관대하신 전하께서는 지혜에 대한 갈증과 열정으로 저에게 자주 편지를 보내셨습니다. 그 편지에서 저에게 조언과 충고를 구하셨습니다. 그러나 전하의 요청에 응답하는 것이 조심스럽습니다. 혹시라도 제가 부적절하거나 위엄이 없는 말들로 존경받아 마땅한 전하의 신앙을 향한 열정에 폐를 끼칠까 걱정이 되기 때문입니다. 또한 저보다 뛰어난 이들이 보기에, 저의 조언들이 보잘것없다는 비판을 들으리라는 점도 잘 알고 있습니다. 그럼에도 전하의 친절한 초대를 저버리거나 전하의 요청에 계속 침묵하지 않기로 결심했습니다. 그래서 조심스럽게, 전하의 귀를 사로잡을 온갖 미사여구나 궤변으로 가득 찬 글이 아니라, 순수하고 단순한 마음으로 적은 이 부족한 책을 전하께 확신을 가지고 올리고자 합니다. 전하께서는 이미 많은 지혜를 소유하고 계심을 알고 있습니다. 그래서 저는 전하를 가르치거나

교화하기 위해서 이 글을 쓰지 않았습니다. 다만 전하를 곁에서 보필하는 신하들이 이 글에 쓰인 규정을 읽고 이해하고 마음에 간직함으로써 선익을 얻게 하려는 목적으로 썼습니다. 저는 이 부족한 글에 "진실한 삶의 방식"이라는 제목을 붙였습니다. 그 이유는, 하느님을 흠숭하고자 하는 열정을 지닌 몇몇 사람만이 실천할 수 있는 엄격하고도 고행을 요구하는 내용을 담은 것이 아니기 때문입니다. 오히려 충실하고 바른 마음으로 살아가는 평신도들이라면, 비록 그들이 성경의 규정들을 깨닫지 못했다 하더라도, 인간의 이성과 자연법만 가지고도 충분히 실천할 수 있기 때문입니다.

성덕에 이르는 네 가지 덕목

1. 지혜로운 이들은, 진실한 삶을 살고자 하는 사람에게는 다음과 같은 네 가지 성덕이 요구된다고 말하였습니다. 첫째는 신중함prudentia, 둘째는 관대함magnanimitas, 셋째는 절제continentia, 넷째는 정의iustitia입니다. 이 네 가지 성덕은 아래에서 설명할 내용들을 통하여 사람을 진실하고 도덕적으로 올바르게 할 것입니다.

신중함

2. 누구든지 첫 번째 덕목인 '신중함'을 따름으로써 올바르고 이성적인 삶을 살고자 한다면, 모든 일에서 대중의 생각과 평가를 따르기보다는, 그 일 자체가 지닌 고유한 가치를 발견하고자 노력해야 합니다. 사실 겉으로는 좋아 보이지 않지만 선한 것들이 있게 마련이고, 반대로 겉으로는 좋아 보이지만 선하지 않은 것들도 있다는 사실을 알아야 합니다. 만일 언젠가는 사라질 어떤 것을 소유하고 있다면, 마치 그것이 엄청난 가치를 지니고 있거나 영원히 없어지지 않을 것처럼 애지중지해서는 안 됩니다. 또한 자신이 소유하고 있는 것들을, 마치 다른 사람이 맡긴 것인 양 지키려고만 하지 말고, 자신의 것이기에 그것을 잘 사용하고 나누는 편이 더 좋습니다. 신중함을 지니고자 한다면, 언제 어디서건 한결같은 모습을 유지하고, 다양한 환경과 상황에 스스로 잘 적응해야 합니다. 주먹을 쥐든 펴든 우리의 손은 그대로인 것처럼, 그렇게 쉽게 변하지 말고 늘 같은 모습을 유지하도록 해야 합니다. 신중함을 지닌 사람의 특성은 모든 일에서 성급한 판단과 믿음으로 말미암아 오류에 빠지지 않고, 항상 타인의 의견과 충고에 귀를 기울인다는 점입니다.

미심쩍은 일에 관해서는 성급하게 결정을 내리지 말고 판단을 뒤로 미루는 것이 좋습니다. 처음에는 진실인 듯 보이지만 사실은 그렇지 않은 것들이 있습니다. 따라서 성급하게 진실이라고 단정 짓지 말아야 합니다. 어떤 것들은 처음에는 믿을 수 없지만 그것이 반드시 옳지 않은 것은 아니기 때문입니다. 진실이 이따금 거짓의 모습으로 나타날 수 있는 것처럼, 또한 거짓도 진실의 모습으로 나타날 수 있습니다. 이것은 마치 친구가 험악한 표정을 지을 때도 있고, 아첨꾼이 상냥한 미소를 짓고 다가올 때도 있는 것과 같습니다. 또한 우리를 속이거나 도둑질하려는 목적으로 화장을 하고 장신구로 모양내어 매력적인 모습으로 보이게 하는 사람이 있는 것과 마찬가지입니다.

그러므로 신중한 사람이 되고자 한다면, 미래를 바라보면서 일어날 수 있는 모든 가능성을 신중히 고려해야 합니다. 성급하게 행동하지 말고 계획을 세우십시오. 신중한 사람은 "나는 그렇게 될 줄 몰랐습니다" 하고 말하는 일이 없을 것입니다. 그는 미심쩍어하기보다는 예측하는 사람이며, 의심하기보다는 미리 대비하는 사람이기 때문입니다. 모든 욕구에서 그 원인을 살필 것이며, 만일 그 시작을 발견하면 그 일의 끝이 어떠할 것인지도 성찰하십시오. 어떤 일은 이미 시작했기에 끝맺음을 해야 하는 경우도 있습니다. 하지만 어떤 일은 끝까지 가는 것이 도리어 해로운 일이기 때문에 아예 시작하지도 않는 것이 좋다는 점도 명심해야 합니다. 신중한 사람은 남을 속이려고 하지 않으며 남에게 속지도 않습니다. 의견이 있다면 그것을 냉정하게 판단하십시오. 막연하거나 허황된 생각들에 마음의 자리를 내주지 마십시오. 그런 생각들은 비록 생각으로는 즐거움을 한껏 느낄 수 있겠지만 결국에는 마음에 슬픔만 남기기 때문입니다. 따라서 우리의 생각들은 안정적이고 확실한 것이어야 합니다. 무엇인가를 깊이 생각하거나 해답을 구하거나 묵상할 때, 결코 진리를 외면한 채 해서는 안 됩니다. 대화를 할 때도 쓸데없는 말이나 농담을 늘어놓지 말고, 설득하거나 권고하거나 가르치기 위해서만 말하십시오. 누군가를 칭찬할 때에는 절제가 필요하고, 비판할 때에는 더 큰 절제가 필요합니다. 지나친 칭찬은 지나친 비판과 다를 바 없습니다. 지나친 칭찬은 아부로 비칠 것이고, 지나친 비판은 악의를 지닌 것으로 의심받을 수 있기 때문입니다. 누군가를 심판해야 할 때, 우정이나 인정이 아니라 진리에 근거하여 판단해야 합니다.

무엇을 약속할 때는 그에 앞서 깊이 생각할 것이며, 약속한 뒤에는 그 약속을 충실하게 지키십시오.

    신중한 사람이 되고자 한다면 세 단계로 나누어 자신의 마음을 바라봐야 합니다. 곧, 지금 해야 할 일을 하고, 다가올 일을 대비하고, 지나간 일을 성찰해야 합니다. 왜냐하면 과거를 성찰하지 않는 사람은 자신의 삶을 잃어버리는 것이고, 미래를 대비하지 않는 사람은 예측하지 못한 갑작스런 일들에 묻혀 버리게 될 것이기 때문입니다. 어떤 일을 대비할 때에는, 일어날 수 있는 좋은 일과 나쁜 일 모두 숙고하십시오. 그러면 전자는 얻게 될 것이고, 후자는 견디어 낼 것입니다. 항상 바쁘게만 움직이지 말고 때로는 마음을 쉬게 하십시오. 그리고 그 쉬는 시간에 지혜와 건전한 생각들로 마음을 채우십시오. 신중한 사람은 쉴 때에도 게으르지 않으며, 때때로 마음의 여유를 누릴 때에도 방종에 빠지지 않습니다. 또한 느릿느릿한 이를 분발하게 하며, 묶인 이를 풀어 주고, 성난 이를 온화하게 함으로써 복잡한 일을 쉽게 만들어 줍니다. 어떤 문제에 직면했을 때에는 어디에서부터 실타래를 풀어야 할 줄을 알고, 미숙한 이들의 헛된 충고들을 하나씩 하나씩 빠르게 가려낼 줄 압니다. 그는 또한 불확실한 것들과 확실한 것을, 작은 일들과 큰 일을, 먼 것들과 가까운 것들을, 부분들과 전체를 식별할 줄 압니다. 말하는 이의 지위나 권력에 영향을 받지 말고, 말하는 이가 아니라 그가 말하는 내용에 더 귀를 기울이십시오. 또한 말을 할 때에도 얼마나 많은 사람이 즐거워할까를 고민하지 말고, 누구에게 말하고 있는지는 고려하십시오. 찾을 수 있는 것을 구하고, 깨달을 수 있는 것을 배우며, 떳떳하게 희망할 수 있는 것을 희망하십시오. 일어서기 힘든 곳에 서려 하지 말고, 내려올 때 추락의 위험이 있는 곳은 오르려 하지 마십시오. 이 세상의 부귀영화에 매력을 느낀다면, 그 순간은 영적 조언이 절실히 필요한 순간입니다. 불안정하고 위험천만한 곳에 서 있는 것처럼 그렇게 주의를 기울이고 자신을 견책하면서 일어서십시오. 지나친 자신감으로 자기 감정에 휘둘리지 말고, 주변을 둘러보면서 동시에 앞으로 나아가야 할 길을 내다보십시오.

관대함

3. '용기'라고도 부를 수 있는 '관대함'을 지닌 사람은 확신과 자유를 누리며 두려움 없이 기쁘게 살 수 있습니다. 걱정

하지 않으며 올바른 생활을 하면서 근심과 후회 없이 삶의 마지막 날을 기다릴 수 있다는 것은 참으로 큰 은혜입니다. 관대함을 지니고 있다면 누구에게도 모욕을 당할 일이 없을 것입니다. 원수를 향해서도 "그는 나에게 해를 끼치려 하였지만, 그렇게 하지 못했구나!" 하고 말할 수 있을 것입니다. 단언컨대 진정으로 위대한 복수는 용서이기 때문입니다. 이렇게 용기라고 하는 관대함의 힘을 키우는 것이 복수할 수 있는 능력을 갖추는 것임을 깨닫게 될 것입니다. 그러므로 누군가를 뒤에서 험담하지 말고, 그를 깎아내리려 하지 마십시오. 오히려 그를 두둔하십시오. 본인 스스로 일으킨 다툼이 아니라면 그 다툼에 끼어들지 말고, 그러한 다툼이 일어나게도 하지 마십시오. 비겁한 이들의 특징은 바로 배신과 기만입니다. 다혈질적인 사람처럼 성급하게 위험에 뛰어들지 않고, 또한 소심함으로 위험 앞에서 떨지 않는다면 참으로 위대한 마음의 소유자가 될 것입니다. 우리의 영혼이 두려워해야 할 것은, 스스로가 올바르게 살지 못함으로써 느끼게 되는 양심의 가책, 바로 이것뿐입니다.

절제

4. '절제'를 사랑하는 사람은, 지나친 욕망을 끊어 내고, 자신에게 꼭 필요한 것들에서도 욕망의 한계를 지을 줄 아는 사람입니다. 탐욕이 요구하는 만큼이 아니라, 인간 본성이 요구하는 만큼만 추구하십시오. 절제하는 사람은 스스로 만족할 줄 아는 사람입니다. 스스로 만족할 줄 아는 사람은 부유하게 태어난 사람과 같습니다. 욕정을 다스리고 마음을 미혹시키는 은밀한 쾌락들을 피하십시오. 배부를 정도로 음식을 먹지 말고, 취할 정도로 술을 마시지 마십시오. 잔치에 가거나 어떤 모임에 참석했을 때, 여러분이 탐탁지 않게 여기는 이들이 있더라도 그들을 험담하지 않도록 주의를 기울이십시오. 현세의 쾌락을 추구하는 데 마음을 쓰지 말고, 가지지 못한 것들을 얻으려 하지 마십시오. 식탁은 검소하게 차리고, 탐닉이 목적이 아니라 필요한 영양분을 얻는 것으로 만족하십시오. 음식의 맛과 향에 취하지 말고, 단지 허기를 해결하기 위해 드십시오. 최대한으로 욕망의 크기를 줄여 나가는 것에 만족하십시오. 여러분이 신경 써야 할 한 가지는 욕망을 잠재우는 일입니다. 여러분은 하느님의 모상대로 지음 받았으니, 할 수 있는 한 최선을 다해서 육적인 것

에서 영적인 것으로 물러나십시오. 절제의 덕을 소유하고자 한다면 호화스럽고 사치스런 생활을 피하십시오. 집주인이 집 때문에 유명해지는 것이 아니라 집이 집주인 때문에 더 알려져야 마땅합니다. 거짓 모습을 보이려 하지 말고, 자신을 과대포장하지도 마십시오. 가난을 나쁜 것으로 여기지 말고, 검소한 생활을 경멸하지 마십시오. 또한 검소함을 나태함으로, 온유함을 무기력함으로 평가하지 마십시오. 비록 가진 것이 적더라도 그것에 마음을 두지 마십시오. 소유하고 있는 것에 마음을 쓰며 전전긍긍하지 말고, 남의 것을 탐내지 마십시오. 절제를 사랑한다면 비도덕적인 것들을 미리 조심하고, 누구보다도 자기 자신을 두려워해야 합니다. 비도덕적인 것들을 제외하고는 모든 것을 인내하고 견딜 만한 것으로 여기십시오.

저급한 말을 삼가십시오. 그것들은 우리를 무례함으로 이끌기 때문입니다. 미사여구를 동원한 웅변이 아니라 건전하고 유익한 대화를 더 선호하십시오. 아첨하기보다는 상냥하고 솔직한 말을 하십시오. 물론 때로는 심각한 대화 중에 가벼운 농담을 할 수도 있습니다. 그럴 때라도 위엄을 잃지 말고 무례를 범하지 않도록 조심하십시오. 지나치게 유치하거나 천박한 웃음은 비난받아 마땅합니다. 또한 시끄러운 웃음이나 빈정거리는 웃음, 몰래 키득거리는 웃음, 남의 불행을 보고 짓는 웃음은 상대방에게 모멸감을 줄 수 있습니다. 그러므로 가벼운 농담이 필요한 상황에서도 위엄을 지키면서 슬기롭게 행동한다면 여러분의 말 때문에 남들에게서 책망받지는 않을 것입니다. 웃음을 주기 위해서 어릿광대가 되라는 것은 아닙니다. 재치 있는 농담으로 만족해야 합니다. 여러분의 재치가 반감을 사지 않도록, 여러분의 농담에 악의가 담겨 있지 않도록, 여러분의 웃음이 남의 귀에 거슬리지 않도록, 목소리가 지나치게 높거나 크지 않도록, 말의 속도가 지나치게 빠르지 않도록 해야 합니다. 아울러 여유로움이 게으름이 되지 않게 할 것이며, 다른 사람들이 어울려 노는 일에 열중할 때에도, 여러분은 경건하고 바람직한 일을 하십시오. 절제를 지키는 사람이 되고자 한다면 수다 떠는 것을 피하십시오. 아첨꾼들에게서 받는 칭찬이라면 그것은 칭찬이 아니라 수치스러운 일이라고 여기십시오. 여러분을 두고 악인들이 불쾌해한다면 그것은 도리어 여러분에게는 기쁜 일이며, 악인들이 여러분을 나쁘게 생각한다면 도리어 그것을 칭찬으로 여기십시오. 절제의 가장 힘든 점

진실한 삶의 방식

은 온갖 달콤한 말과 아첨으로 여러분의 마음을 사려는 이들을 과감하게 물리치는 것입니다. 누군가로부터 사랑받고 인정받기 위해서 그의 의견에 동조해서는 안 됩니다. 또한 여러분의 호의를 사기 위해 접근하는 이들을 조심하십시오.

무뚝뚝함과 거만함을 경계하십시오. 유순하되 비굴해지지 말고 자신의 존엄성을 지키십시오. 타인의 조언을 기꺼이 받아들이고, 비판이라면 인내로 견디어 내십시오. 다른 사람의 비판을 여러분이 기꺼이 받아들였다면 그가 여러분에게 도움을 준 것이라고 생각하고, 만일 다른 사람의 비판을 여러분이 받아들이기 힘든 경우라면 그가 여러분에게 도움을 주려 했다고 생각하십시오. 거친 말보다 부드러운 말을 더 두려워하십시오. 여러분이 먼저 악행을 삼가고, 남을 심하게 비판하거나 정도에 지나치게 꾸짖지 마십시오. 오히려 그들에게 힘을 주는 말로 그들을 올바른 길로 이끄십시오. 남의 잘못은 빨리 용서해 주고, 누구에게도 지나친 칭찬이나 비판을 하지 마십시오. 말하는 이들에게 귀를 기울이기 위해서 침묵을 지키고, 여러분의 말을 기꺼이 듣고자 하는 이들을 환영하십시오. 질문을 받았다면 곧바로 답변하고, 논쟁하고자 덤벼드는 이들이 있다면 얼른 그 자리를 피하십시오. 논쟁과 분쟁에 빠지지 않도록 조심하십시오. 절제를 지키려면 여러분의 몸과 마음을 늘 살펴 합당하지 않은 것에 기울지 않도록 주의하십시오. 마음을 살피는 일을 소홀히 하지 마십시오. 남들이 보든지 보지 않든지 상관없이, 여러분은 여러분 자신의 증인이기 때문입니다.

융통성을 지녀야 하지만 변덕쟁이가 되어서는 안 됩니다. 마찬가지로 항구함을 지녀야 하지만 고집불통이 되어서도 안 됩니다. 여러분이 어떤 것에 대한 지식을 지니고 있다면 자신만의 것으로 그 지식을 숨겨 두지 말고, 그렇다고 일부러 드러내려고도 하지 마십시오. 모든 사람을 자신과 같이 평등하게 대하십시오. 여러분보다 못한 사람이라고 해서 그 앞에서 교만해지거나 그를 멸시하지 말고, 그가 여러분보다 우월하다고 해서 그를 두려워하지 마십시오. 다만 누구 앞에서나 올바르게 살고자 애쓰십시오. 봉사하는 일에 게을러지지 말고, 이런저런 조건을 따지면서 까다롭게 굴지도 마십시오. 모든 이에게 친절하게 대하며 아무에게도 아부하지 마십시오. 비록 몇 사람과 특별한 친분이 있다 하더라도, 모든 이를 올바르고 정의롭게 대하십시오. 말보다 행동에 더 엄격하며, 외모보다 행실에 더 신경 써야 합니다. 복수를 하

진실한 삶의 방식

더라도 악을 악으로 갚지 말고 악을 선으로 갚는 복수를 하십시오. 거칠고 난폭한 행동을 미워하고 자신의 명예를 과시하지 말며 이웃의 명예를 질투하지 마십시오. 또한 온갖 소문과 고발과 의심을 무턱대고 믿지 마십시오. 오히려 남을 모욕하려는 이들과 악의를 품고 있는 사람들에게 맞서 솔직하고 진실된 말을 하십시오. 분노에는 더디고 자비에는 재빠르십시오. 역경 앞에서 굳건하고, 번영 속에서 겸손하며, 사람들이 자신의 악행을 숨기려 하듯이 그렇게 여러분은 여러분의 선행을 숨기십시오. 허영을 멀리하고, 인정을 받기 위해서 사람들을 이용해서는 안 됩니다. 타인의 무절제함을 경멸하지 마십시오. 말을 많이 하지 말고, 말이 많은 이들을 인내하십시오. 자기 자신에게 엄격하고 신중한 사람이 되십시오. 하지만 그렇지 못한 이들을 무시하지 마십시오. 지혜를 찾으며 배움을 열망하십시오. 여러분의 지식을, 그것을 찾는 이들과 함께 나누되 거만한 태도를 경계하십시오. 만일 여러분이 아직 알지 못하는 것을 알고자 한다면, 자신의 무지를 부끄러워하거나 숨기려 하지 마십시오.

정의

5. 다음 성덕은 '정의'입니다. 정의란 자연법[1]에 대한 인간들의 암묵적 동의가 아니고 무엇이겠습니까? 또한 정의란 인간의 본성이면서 동시에 신법神法이 아니겠습니까? 그리고 인간 사회를 지탱해 주는 유대의 끈이 아니겠습니까? 따라서 무엇을 어떻게 해야 할지 고민할 필요가 없습니다. 정의가 명령하는 대로 이루어질 것이기 때문입니다. 정의를 따르려는 사람은 우선 하느님을 두려워해야 하고 동시에 하느님을 사랑해야 합니다. 그러면 하느님의 사랑을 받을 것입니다. 모든 이에게 해로운 것은 피하고 유익한 것은 베푸시는 하느님을 본받는 것, 그것이 바로 하느님을 사랑하는 것입니다. 그렇게 한다면 모든 사람이 여러분을 정의로운 사람으로 여기며, 여러분을 따르고 존경하며 사랑할 것입니다. 정의로운 사람이란 스스로 해로운 일을 피할 뿐 아니라 다른 이들도 해로운 일들로부터 지켜 주는 사람입니다. 왜냐하면 정의란 악행을 절제하는 것이 아니라 다른 이들이 악한 일을 하는 것을 막는 것이기 때문입니다. 이런 생각에서 시작한다면 여러분은 선한 뜻을 잃지 않을 것입니다. 그런 다음에 남들이 약탈한 것을 원래대로 되돌려 놓는 것과

같은 더 큰 일도 할 수 있을 것입니다. 사람들이 강도를 두려워하지 않게 하기 위하여, 도둑질한 이들이 걸맞은 벌을 받게 하십시오. 남의 어눌하고 불명확한 말을 트집 잡아 싸움을 걸지 말고, 그의 마음속 의향을 이해하려고 애쓰십시오. 진리에 관한 일이나 신앙이나 종교에 관한 일에서 여러분이 정의의 덕을 지니고 있다면 확신을 가지십시오. 정의를 지키면서 한다면, 여러분이 어떤 주장을 하건 또는 맹세까지 하건 상관이 없습니다. 하느님의 이름을 부르지 않더라도 그분께서는 모든 맹세의 증인이십니다. 따라서 하느님의 이름으로 맹세하지 않더라도 정의의 법을 어기지 않는다면 진리를 거스르는 일은 없을 것입니다. 여러분이 거짓증언을 강요받는 처지에 놓였다 하더라도, 허위가 아니라 진리의 편에 서야 합니다. 거짓말의 대가를 제공받을 수 있는 상황에서도 진리를 저버리지 않을 것을 결심한다면, 거짓말을 하는 대신에 이렇게 스스로를 변호하십시오. "정직함의 기초 위에 서 있는 의로운 사람은 어떤 대가를 얻고자 누군가의 비밀을 폭로하지 않습니다." 정의로운 사람은 드러내지 말아야 할 것에는 침묵을 지키고, 말해야 할 것만 말함으로써 그의 마음이 언제나 평화롭고 안정되며 평온을 잃지 않을 것입니다. 사람들이 악행에 굴복하더라도, 그는 악행을 굴복시킬 것입니다. 이러한 점들을 염두에 두고 두려움 없이 기쁨으로 인생 여정의 마지막 순간을 기다린다면, 또한 이 세상의 온갖 근심걱정을 기꺼이 받아들이고 차분하게 견디어 낸다면, 그는 평온 속에서 생의 마지막 순간을 맞이할 것입니다.

과도한 '신중함'의 해악

6. 지금까지 언급한 네 가지 성덕을 올바르게 그리고 과도하지 않은 범위에서 충실히 실천한다면, 이 성덕들은 여러분을 완전한 사람이 되게 할 것입니다. 예를 들어, '신중함'이 과도하다면 여러분은 지나치게 약삭빨라지거나 두려움이 많아지고 소심한 사람이 될 것입니다. 또한 이런저런 비밀들이나 여러 해로운 것을 분석하느라 스스로를 옭아맬 것입니다. 사소한 것들을 살피는 데 신경을 쏟느라 의심이 많아지고, 신경과민에 빠지고, 늘 무엇인가를 두려워하고, 비난할 대상을 찾는 사람이 되고 말 것입니다. 그리고 여러분의 확실치 않은 의구심에 휘둘려 이미 일어난 일들을 규명하느라 애를 쓰게 될 것입니다. 그러면 사람들은 여러분을 교활

한 사람, 위선자, 단순함의 적, 남의 허물을 크게 떠벌리는 사람으로 여길 것입니다. 곧, 모든 이가 여러분을 나쁘게 평가할 것입니다. 그러므로 '신중함'이 과도하지 않게 정해진 범위 안에서 행해지지 않는다면, 위에서 나열한 잘못을 범하게 될 것입니다. 그러나 균형 잡힌 저울처럼 '신중함'을 실천한다면, 그 사람 안에는 어리석음이나 부정직한 어떤 것도 자리 잡지 못할 것입니다.

과도한 '관대함'의 해악

7. '관대함'도 지나치면 공포심을 조장하는 사람, 잘난 체하는 사람, 걱정에 짓눌린 사람, 다가서기 어려운 사람, 진실을 무시하는 사람, 말과 행동을 고상하게 꾸미느라 바쁜 사람이 되게 할 것입니다. 마치 어떤 동물은 때리고 어떤 동물은 찌르면서 동물들을 자극하는 조련사처럼 의심으로 눈썹을 치켜세운 사람이 될 것입니다. 그런 사람은 아무리 열심히 싸우더라도 자신을 적대시하는 외부의 힘센 공격들을 전부 막아 내지는 못할 것입니다. 또한 비참한 최후를 맞이하든가 자기 자신에 대한 불쾌한 기억들만 남기게 될 것입니다. 그러므로 균형 잡힌 관대함이란, 너무 소심하지도 않고

지나치게 용감하지도 않은 것입니다.

과도한 '절제'의 해악

8. '절제'의 경우에는 다음과 같은 한계에서 지켜야 합니다. 지나치게 인색한 사람이 되지 않도록 조심하고, 의심이 일거나 두려움 때문에, 내민 손을 거두어들여서도 안 됩니다. 또한 매우 사소한 일에도 돋보기를 들이대려 해서는 안 됩니다. 지나친 완벽주의나 결벽주의는 여러분에게 창피함을 가져다줄 뿐입니다. 그러므로 여러분은 중용을 지키는 절제를 실천한다면 쾌락에 빠지지도 않고, 천박하거나 탐욕스런 사람이 되지도 않을 것입니다.

과도한 '정의'의 해악

9. 마지막으로 '정의'입니다. 정의도 한쪽으로 치우치지 않는 중용의 덕에서 세워져야 합니다. 그렇지 않으면 작고 사소한 일들로 인해 마음이 흔들리게 되고, 크고 작은 오류에 빠져 죄를 범하는 이들을 올바른 길로 이끄는 일에 관심을 두지 않게 됩니다. 그러면 여러분에게 달콤한 말로 아부하는 이들이나 여러분을 업신여기며 비웃는 이들이 죄를 짓

진실한 삶의 방식

도록 내버려 두는 무관심에 빠지게 될 것입니다. 다른 한편으로는, 과도한 정의 때문에 너그럽게 용서를 베푸는 모습을 보여 주지 못하고 도리어 지나치게 고집스런 모습을 보임으로써 사람들에게 무서움의 대상으로 비칠 수도 있습니다. 그러므로 정의의 칼날을 무디게 함으로써 존경을 잃어서도 안 되며, 동시에 지나치게 정의의 칼날을 세움으로써 사람들에게서 참된 정의의 열매를 앗아 가서도 안 됩니다. 그러므로 균형 잡힌 정의를 실천하십시오.

중용의 자세

10. 만일 누군가가 자신뿐 아니라 모든 이의 선익을 위해서도 자신의 삶을 거룩하게 봉헌하고자 한다면, 위에서 언급한 네 가지 덕목을 중용적으로 따라야 합니다. 곧, 자신이 처한 시간과 장소, 대상과 환경 등을 고려함으로써, 양쪽에 놓인 가파른 낭떠러지와 험난한 계곡에 떨어지지 않도록 경계해야 합니다. 그렇게 주의를 기울이고 정신을 고양함으로써 성급하게 판단을 내리는 어리석음을 피하고 자신의 부족함을 극복하고자 애써야 합니다.

Martinus Bracarensis
Pro repellenda iactania

브라가의 마르티누스
허영심을 몰아냄

인간의 악행

1. 인간의 나약함 때문에 거의 모든 사람에게 상처를 주는 많은 종류의 악행이 있습니다. 무엇보다 누구나 악행을 저지르고, 또 이를 통해 악행들은 드러납니다. 몇 사람만 살펴보아도 알 수 있습니다. 어떤 사람은 분노 때문에 살인과 반란, 폭동의 충동으로 가득 차 있습니다. 또 다른 사람은 탐욕에 사로잡혀서 욕심을 부리고, 잔인한 행동을 일삼으며, 거짓증언과 폭력, 중상, 도둑질, 거짓말, 부정한 행위를 하기도 합니다(마태 15,19 참조). 육욕에 빠져 음란한 언어를 사용하며, 남을 조롱하고 비꼬는 말을 일삼습니다. 그리고 간음과 불륜을 저지르기도 합니다. 또 어떤 사람들은 식탐 때문에 폭식과 폭음을 하고 술의 노예가 되기도 합니다.[1] 수많은 사람이 이러한 악행들 중 한두 가지의 영향을 받고 있는 것은 명백한 일입니다. 하지만 하나하나 열거하기에는 너무 많은 시간이 걸리기에 언급하진 않겠습니다. 그런데 대부분의 사람을 악행에 빠져들게 하는 하나의 질병이 있습니다. 다른 악행들은 한두 사람을 사로잡지만 이것은 모든 사람을 사로잡기 전까진 만족하지 않습니다. 이 악행은 그리스 사람들은 '케노독시아'cenodoxia, 로마 사람들은 '바나 글로리아'vana

허영심을 몰아냄

gloria 또는 '이악탄티아'iactantia라고 부르는, 칭찬에 대한 헛된 욕망입니다.[2] 저는 이 악행의 본성과 그것이 사람들에게 어떤 상처를 입히는지에 대해서 서술하고자 합니다.

칭찬

  2. 삶에서 추구하는 많은 것 가운데에서 칭찬받는 것보다 사람을 더 기쁘게 하는 것도 없습니다. 다른 것들은 얻고자 하는 마음이 있으면 그것을 차지할 수 있습니다. 하지만 그것이 무엇이든 얻고 나면 점차 시들어 버리기 마련입니다. 그런데 이 무의미한 허영심에 대한 열망은 커지면 커질수록, 칭찬받는 것이 제일 큰 바람으로 자리하게 만듭니다. 다른 사람들이 자신을 유명 인사와 같이 존경하고 따를 때 기쁨이 커진다고 생각하게 만드는 것 같습니다. 이것은 왕들뿐 아니라 법률가들도 그렇습니다. 그리고 도시에 사는 사람이든 시골에 사는 사람이든 마찬가지입니다. 남녀를 불문하고, 아동뿐 아니라 청소년과 청년, 성인에 이르기까지 모두가 이것을 열망하고 추구합니다. 그들 모두는 자신의 행위와는 관계없이 오로지 칭찬받기만을 원합니다. 그래서 소년들은 청소년들을 흉내 내고 청소년들은 젊은이들처럼 힘

이 센 척합니다. 젊은이들은 노인들의 지혜를 열망하고, 노인들은 앞으로 살아갈 날보다는 지나온 삶의 발자취를 통해 명성을 추구하고자 합니다. 여성들은 여성으로서의 본성적 약함을 감추기 위해 남성과 같은 힘과 능력을 자랑하려고 합니다. 그리고 시골에 사는 사람들은 도시에 사는 사람처럼 보이기를 원합니다. 법률가들은 왕들이 가지고 있는 것과 같은 특권이 주어지기를 원합니다. 왕들은 하느님처럼 강해지기를 꿈꿉니다. 이처럼 사람들은 자신들이 실제보다 더 대단해 보이기를 원합니다. 그래서 상대방을 이용하기도 하고 하느님을 향한 진심 어린 찬양을 전리품처럼 요구하기도 합니다. 그래서 하느님께 드려야 할 모든 공경을 자기가 차지함으로써 가장 사악하고 불경스러운 악행인 신성모독을 행하기도 합니다. 이와 같이 하느님처럼 공경받기를 원하는 사람들이 많아질수록, 인류는 바벨탑 사건처럼 자신의 정도正道를 벗어나게 됩니다. 그러니 겸손한 사람이 하늘나라에 들어가는 것은 당연한 일이 아니겠습니까?

악행의 위험성

3. 제가 보기에 위와 같은 위험에 빠진 사람에게 남은 것

은 나락으로 떨어지는 것뿐입니다. 그들은 더 이상 올라갈 곳이 없습니다. 끊임없이 올라가려는 그들에게 남은 것은 내려오는 것뿐입니다. 모든 사람이 영광을 향해 달려가지만, 가는 길은 모두가 다릅니다. 더러는 그들이 받은 명예를 드러냄으로써 칭찬받기를 원합니다. 하지만 더러는 자신을 드러내지 않는 겸손함 때문에 칭찬을 받습니다. 어떤 사람은 좋은 옷을 자랑하지만, 어떤 사람들은 가장 싼 옷을 자랑합니다. 더러는 사치스러운 삶을 살고, 더러는 검소한 삶을 삽니다. 결국 어떤 사람은 악행을 쌓고, 또 어떤 사람은 덕행을 쌓습니다. 모든 사람은 자신의 명성을 알리려고 애씁니다. 그런데 이 일은 악행과 선행의 경계에 있기 때문에, 자신을 드러내려는 허영심을 고치는 일은 아주 어렵습니다. 다른 사람의 칭찬을 듣게 되면, 그 사람은 자신에 대한 과대평가와 자만심으로 우쭐해집니다. 그리고 기쁨에 도취되어서 자신을 바르게 인지할 수가 없습니다. 그는 자신이 알고 있는 것보다 자신을 더 높게 평가합니다. 그러므로 우리는 남의 아첨뿐 아니라 자신에 대한 과대평가 때문에 스스로를 망칠 수도 있습니다. 우리가 자기 자신을 정확히 알지 못하면, 타인의 평가에 따라 쉽게 흔들리기 마련입니다. 사람들이 "저 사람은 운이 좋고 훌륭하고 힘이 있다"고 말한다면, 그 사람은 사실과는 다르게 사람들의 말 때문에 자신이 그런 사람인 줄 착각하게 됩니다. 이것은 주님께서 복음서에서 "자기들끼리 영광을 주고받으면서 한 분이신 하느님에게서 받는 영광은 추구하지 않으니, 너희가 어떻게 믿을 수 있겠느냐?"(요한 5,44)라고 유대인들에게 말씀하셨듯이 치명적인 악행입니다. 사람에게서 영광을 얻고자 하는 사람은 하느님께 받을 영광이 없음을 주님께서는 밝히 드러내 보여 주셨습니다. 그리고 위선자들이 자선을 베풀 때, 주님께서는 "그들은 사람들에게 존경을 받으려고 자선을 베푼다. 내가 진실로 너희에게 말한다. 그들은 자기들이 받을 상을 이미 받았다"(마태 6,2)라시며 그들이 받는 현세의 선물만을 언급하셨습니다. 또한 바오로 사도는 우리에게 다음과 같이 당부합니다. "허영심을 가지지 마십시오"(갈라 5,26 참조). 이 말은 사람이 자신의 선행을 스스로의 공으로 돌릴 때, 거짓말이 거짓말쟁이를 만들듯, 모든 수고의 열매를 헛되고 무의미하게 만들어 버릴 수 있다는 뜻입니다.[3]

허영심을 몰아냄

교만함에서 비롯된 병

4. 그런 사람은 자신의 선행에 대한 보상을 받지 못할 뿐 아니라 영원한 형벌을 받을 수 있는 죄의 상태로 자신을 물들게 합니다. 선행은 자비로우신 하느님을 위한 일이어야 하는데, 그는 자신이 칭찬을 받기 위한 일로 변질시키기 때문입니다.[4] 사람들의 칭찬과 호의, 하느님으로부터 받을 상이나 벌을 염두에 두지 않고, 오직 순수한 마음으로 하느님에 대한 사랑 때문에 선행을 하는 사람을 찾기는 어려울 것입니다. 우리는 하느님보다 사람을 우선시하고, 하느님의 영광보다는 인간의 영광을 우선시하기 때문입니다. 그래서 이러한 인간의 잘못 때문에 우리는 비난받아 마땅합니다. 이 교만함에서 비롯된 병은 심각합니다. 그것은 모든 면에서 해롭고, 예상치 못할 때 상처를 입히기도 합니다.[5] 어떤 사람들은 자신이 선하기 때문에 스스로를 자랑하지만, 어떤 사람들은 자신이 악하기 때문에 자랑하기도 합니다. 그러나 자신의 선함을 자랑하는 이들에게 성경은 이렇게 경고합니다. "자신 때문에 기뻐하는 사람의 뼈를 하느님께서 흩으시겠기 때문이다"(시편 53,6 참조). 그리고 악함 때문에 스스로를 자랑하는 이들에게는 "악인은 제 탐욕을 뽐내고 불의를 행

하는 사람은 복을 받을 것 같겠지만, 이것은 주님을 업신여기는 것이다"(시편 10,3 참조)라고 말합니다. 그리고 바오로 사도도 "그들은 자기네 배를 하느님으로, 자기네 수치를 영광으로 삼으며 이 세상 것만 생각합니다"(필리 3,19)라고 충고합니다.

허영심의 폐해

5. 따라서 허영심에서 비롯된 악행은 서서히 드러나서 모두에게 폐해를 끼칩니다. 그런데 선을 행하면서도 사람들의 영광을 바라는 사람은 비난을 면치 못할 것입니다.[6] 그들은 하느님보다 자신이 칭찬받기를 원하기 때문입니다. 그러니 악하게 살면서도 칭찬받기를 원하는 사람들은 어떻게 되겠습니까? 그냥 내버려 두십시오. 허영심은 끝이 없습니다. 허영심은 지난 일도 들춰내서 자랑하게 만들지만, 앞으로 해야 할 일에 대해서도 미리 자랑하게 만들기 때문입니다. 어떤 사람이 좋은 계획을 세우고 실행하고자 한다면, 허영심은 곧바로 다른 사람들에게 그 일에 대하여 이야기하게 만들 것입니다. 그리고 이를 통해 그가 얼마나 대단한 사람인지를 드러내게 할 것입니다. 그가 어떤 사람들에게 바른길

을 가르쳐 주려고 한다면, 그는 자신이 알고 있는 가르침이나 조언을 말하기도 전에, 허영심 때문에 칭찬부터 받을 생각을 할 것입니다. 그리고 어떤 사람이 평소보다 훨씬 더 근사한 내용의 편지를 친구에게 썼다면, 편지를 보내기 전이나 그 친구가 편지를 받기도 전에, 허영심은 편지를 보낸 사람을 설레게 할 것입니다. 왜냐하면 허영심은, 그 친구의 눈에 자신이 무척 대단해 보일 것이며, 또 이 편지를 통해 자신의 생각이 얼마나 고귀한지를 친구에게 드러내 보일 수 있으리라고 예상하기 때문입니다. 또 어떤 사람이 도움의 손길이 필요할 때, 그 사람이 요청도 하기 전에 도움을 주게 된다면, 도와주는 그 사람은 허영심 때문에 '사람들이 나를 얼마나 친절하고 관대한 사람으로 알아줄까!' 하고 먼저 생각하게 됩니다. 마지막으로, 무기를 들고 전쟁터로 향하는 군인은 어느 편이 이길지 모르는 불확실한 상황 속에서도, 허영심에서 비롯된 용맹함과 오만, 그리고 이미 승자가 된 것 같은 자만으로 가득 차서, 전쟁터에서 돌아와 개선하는 생각부터 하게 됩니다.

교만한 마음의 폐해

6. 이처럼 교만한 마음은 사람들에게 충동적으로 모든 것을 할 수 있다는 용기를 부추겨서 먼저 행동부터 하게 만듭니다. 그리고 훌륭한 사람뿐 아니라, 약한 사람에게도 그런 마음을 심어 줍니다. 당신이 어떤 일을 계획하고 실현하고자 할 때, 약한 사람을 칭찬해서 부추기면, 그는 곧바로 자신이 강한 사람이나 된 듯 착각해서 행동할 것입니다. 당신이 가벼운 짐을 옮기는 사람에게 허영심을 불어넣으면, 그는 즉시 더 무거운 짐을 들어 옮기려 할 것입니다. 당신이 게으른 사람을 부지런한 사람인 것처럼 부추기면, 그는 곧바로 날개를 단 것처럼 재빠르게 행동할 것입니다. 이처럼 허영심은 사람에게 실제로는 아무런 힘을 주지 않지만, 거짓 자극을 통해 사람을 속여서 자신이 강한 것처럼 착각하게 만듭니다. 그리고 교만한 마음은 자신도 모르게 드러나기 때문에, 자신이 하는 모든 일에 주의를 기울이지 않는다면, 그 일은 하느님께도, 이웃에게도, 그 자신에게도 아무런 유익이 되지 못합니다. 그래서 마치 욕심 많은 여주인의 불쌍한 노예처럼 그가 아무리 열심히 노력해도 주변의 비난을 면하기 어렵습니다.

허영심을 몰아냄

공허함

7. 그러나 어떤 이들은 저에게 이렇게 이야기합니다. "그렇다면, 우리가 한 일은 자선이나 자비를 베푼 것도 아니고 선행도 아니니, 아무런 의미가 없는 일입니까?" 저는 담담하게 이렇게 대답할 것입니다. "선을 위한 것이 아니라 허영심 때문에 행한 모든 것은 아무것도 아닙니다. 단지 공허한 허영심일 뿐입니다." 이렇게 악영향을 끼칠 수 있는 것은 많습니다. 그러나 현명한 사람들은 몇 마디 말만 들어 봐도 다양한 모습으로 포장된 교활함을 분명하게 식별할 수 있습니다. 그러므로 저는 허영심에서 비롯하는 나쁜 악행만 설명하고 이제 다른 것들은 여러분에게 맡기겠습니다.

Martinus Bracarensis
De correctione rusticorum

브라가의 마르티누스
농부들을 위한 계도[1]

주님의 무한한 축복을 받고, 그리스도 안에서 맺어진 나의 사랑하는 형제인 폴레미우스 주교님에게 마르티누스 주교가 드립니다.

머리말

1. 오래된 이교의 미신과 악마를 하느님보다 더 숭상하는 농부들을² 꾸짖기 위하여, 가능한 한 풍부한 자료를 통해서 찾아낸 우상의 기원과 그들의 죄악과 관련된 정보들을 보내 달라는 주교님의 정성 어린 편지를 받았습니다. 농부들의 관심을 끌기 위해서는 세상이 시작되었을 때부터 있어 온 우상의 존재에 대한 간단한 설명이 필요하기 때문에, 저는 제가 찾을 수 있었던 한정된 자료 속에서 과거의 방대한 사건들을 살펴보아야만 했습니다. 그리고 농부들의 언어로 그들이 이해할 수 있도록 설명해야만 했습니다. 하느님의 도우심으로 주교님께서도 그렇게 가르칠 수 있으실 것입니다.

당부

2. 사랑하는 자녀 여러분, 우리는 여러분이 한 번도 들어보지 못했거나 들었어도 잊어버렸을 만한 일을 주님의 이름

으로 알려 주고자 합니다. 우리가 여러분의 구원을 위해서 말하는 것에 귀 기울여 주기를 청합니다. 성경을 통해 완전하게 설명하자면 오랜 시간이 필요하므로, 이 책에서는 여러분이 조금이라도 더 기억할 수 있도록 몇 가지 중요한 점만 다루겠습니다.

대천사의 타락과 악마의 탄생

3. 한처음에 하느님께서 하늘과 땅을 창조하셨을 때(창세 1,1 참조) 그분께서는 당신의 곁에 서서 당신을 찬양하도록 영적 존재인 천사들을 하늘나라에 만드셨습니다. 그런데 모든 천사들 중에서 책임자인 대천사로 지명된 한 천사가 스스로를 빛나고 영광스럽다고 여겨, 자신을 만드신 하느님께 영광을 돌리지 않고 하느님과 자신을 동일하게 여겼습니다. 그는 이 교만한 행동 때문에, 그를 추종하던 다른 많은 천사들과 함께 하늘나라에서 하늘 아래로 떨어졌습니다. 본디 대천사였던 그는 영광의 빛을 잃고 어둠과 공포의 사탄이 되었습니다. 그를 추종하던 다른 천사들도 그와 함께 하늘나라에서 내쳐져서 빛을 잃고 마귀가 되었습니다. 사탄으로 전락한 그들의 우두머리와 함께 내쳐진 다른 천사들도 그들

의 교만으로 말미암아 '반항하는 천사들'과 '마귀들'이라고 불리었습니다. 반면 하느님 옆에 남아 있던 다른 천사들은 주님 면전에서 영광의 빛을 간직할 수 있었고 '거룩한 천사'로 불렸습니다.

사탄의 유혹과 인간의 타락

4. 천사들이 타락한 이후, 하느님께서는 흙으로 사람을 빚어 만드시고 낙원에 머물게 하시고서는 기뻐하셨습니다. 그리고 사람에게, 당신의 계명을 지킨다면 반항한 천사들이 떨어져 나간 하늘나라에서 죽음 없이 계속 살 것이지만, 당신과의 약속을 어길 시에는 죽음의 고통을 받을 것이라고 말씀하셨습니다. 하늘나라에서 추방된 사탄은 자기 대신 사람이 하늘나라의 계승자로 창조되었다고 생각했습니다. 그래서 하느님의 명령에 복종하지 않도록 사람들을 유혹했습니다. 이로 인해 사람은 낙원에서 쫓겨나, 많은 노동과 고통을 감수해야 하는 세상으로 내쳐졌습니다.

노아의 홍수

5. 첫 번째 사람은 아담이라 불렸고, 그의 육(肉)에서 빚어진

농부들을 위한 계도

아내는 하와라고 불렸습니다. 이 두 사람으로부터 모든 종족이 번성해 나갔습니다. 그러나 그들은 곧바로 창조주 하느님을 잊고 많은 죄를 지어 하느님의 분노를 자아냈습니다. 그 결과 하느님께서는 홍수를 일으키셨고, 인류를 다시 세우기 위해서 노아라는 사람과 그의 아들을 제외하고는 모든 것을 파괴하셨습니다. 홍수가 난 때는 첫 번째 사람 아담에서 2242년이라는 시간이 지난 뒤였습니다.

우상 숭배

6. 홍수 이후 인류는, 아내와 함께 구원된 노아의 세 아들을 통해 다시 번성하게 되었습니다. 사람들이 많이 늘어나고 세상을 채워 가기 시작하자, 다시 사람들은 세상의 창조주이신 하느님을 잊기 시작했습니다(로마 1,25 참조). 그들은 창조주를 무시하고, 창조물들을 우상으로 섬기기 시작했습니다. 더러는 태양을, 더러는 달과 별을, 더러는 불과 바다와 강들을 섬겼습니다. 사람들을 위해 하느님께서 이 모든 것을 창조하신 사실을 잊어버리고, 오히려 그것들을 자신의 신들로 받들어 섬겼습니다.

사탄의 악행

7. 하늘나라에서 쫓겨난 사탄과 그의 무리들은, 그들의 창조주이신 하느님을 무시하고, 창조물들을 신이라고 착각하는 무지한 사람들에게 다양한 모습으로 나타나기 시작했습니다. 그리고 그들에게 속삭이며, 사람들에게 매우 높은 산이나 잎이 무성한 거목들에게 제물을 바치고, 일생 동안 범죄와 악행을 저지른 사악한 사람들을 신으로 섬기라고 요구했습니다. 그 가운데 한 명은 자신을 제우스라고 주장했는데, 그는 점쟁이였습니다. 그자는 친여동생인 헤라를 아내로 삼고, 딸들인 아테나와 아프로디테와도 음행을 일삼았으며, 조카들을 비롯한 여자 친척들과도 근친상간을 저질렀습니다. 자기를 아레스라고 부르던 다른 마귀는 싸움과 불화를 씨 뿌리는 자였습니다. 또 다른 마귀인 헤르메스는 모든 도둑질의 방법을 고안한 교활한 발명가였습니다. 탐욕으로 가득 찬 사람들은 교차로를 지나갈 때마다 '재물의 신'이라고 믿던 그에게 돌을 쌓아 올리듯 제물을 바쳤습니다. 크로노스라는 이름을 가진 마귀는 온갖 잔혹한 짓을 저지르며 살았으며, 심지어 친아들이 태어나자 잡아먹기까지 했습니다. 아프로디테라고 주장하는 다른 마귀는 창녀로서, 수없

이 많은 간통을 저질렀을 뿐 아니라 아버지인 제우스와 오빠인 아레스와도 음행을 저질렀습니다.

농부들의 우상 숭배

8. 마귀들의 이런 사악한 행동으로 말미암아 무지한 농부들이 그들을 숭배하게 된 것은 이런 타락한 사람들의 시대에는 자연스러운 것이었습니다. 농부들은 그들을 신으로 섬기고, 그들에게 제물을 바치고, 자기들이 찬양하는 마귀들이 저지른 행동을 따라 하기 위해 마귀들의 이름을 연호하기도 했습니다. 심지어 마귀들은 그들에게 성전을 지으라고 설득하였으며, 자기들의 형상이나 동상을 세우고 동물이나 사람의 피를 붓기 위한 제단을 만들게 했습니다. 더 나아가 천국에서 쫓겨난 마귀들 대부분은 바다와 강, 우물, 숲 등을 관장하면서, 같은 방법으로 하느님을 모르는 무지한 사람들에게 자기들을 신으로 섬기게 하고 제물을 바치게 하였습니다. 사람들은 이롭지 못한 마귀이자 악령들인 이들을 바다에서는 포세이돈, 강에서는 라미아스, 우물에서는 님페, 숲에서는 아르테미스라 불렀습니다. 이 마귀들은 신앙을 통해 스스로를 단련시키는 방법을 모르는 비신자들을 괴롭히고

해를 끼쳤습니다. 이 비신자들은 그리스도교 신앙을 온전히 믿지 않았고 하느님을 화나게 했습니다. 그들은 세상의 창조와는 전혀 상관없는, 그리스 민족 중에서 악랄하고 사악한 자들이었던 아레스와 헤르메스, 제우스, 아프로디테, 크로노스의 날을 만들어서 기념했고, 날마다 이 마귀들의 이름을 부르짖는, 믿음이 없는 그런 사람들이었습니다. 그러나 마귀들은 하느님의 허락 없이는 이 사람들을 해칠 수 없었습니다.

천지창조

9. 전지전능하신 하느님께서는 하늘과 땅을 만드실 때, 7일 동안 당신의 창조 사업을 진행하셨으며, 제일 먼저 빛을 창조하셨습니다(창세 1,3 참조). 첫째 날, 낮이라 불리는 빛을 만드셨고(창세 1,5 참조), 둘째 날, 창공을 만드셨습니다(창세 1,6-8 참조). 셋째 날, 바다와 땅을 나누셨고(창세 1,9-10 참조), 넷째 날, 해와 달과 별이 만들어졌습니다(창세 1,14-19 참조). 다섯째 날, 네발짐승과 새, 물고기들이(창세 1,20-23 참조), 여섯째 날, 인간이 만들어졌습니다(창세 1,26-27 참조). 일곱째 날, 온 세상과 다른 것들이 완성되었으므로, 하느님께서는 이날을 안식일이

농부들을 위한 계도

라 부르셨습니다(창세 2,2 참조). 하느님의 작품 중 처음으로 만들어진 빛은, 창조 사업을 구분하기 위해 일곱 번 회전하므로 이것을 일주일[3]이라 불렀습니다. 그런데 그리스도께 대한 믿음으로 세례를 받은 사람들이 그리스도께서 부활하신 주님의 날을 기념하지 않았습니다. 오히려 그들은 세상을 창조하지도 않았고 간통과 사기를 저지르며 스스로 나라를 멸망시킨 사악한 자들인, 제우스와 헤르메스, 아프로디테, 크로노스의 날들을 만들어서 기념했습니다. 이 얼마나 어리석은 짓입니까! 그러나 우리가 앞서 말한 것처럼 어리석은 사람들은 여전히 이들의 이름으로 마귀들에게 숭배와 경배를 바치고 있습니다.

한 해의 첫날

10. 마찬가지로 한 해의 첫날이 1월 1일이라고 생각하는 무지한 농부들이 있는데, 이것은 완전히 잘못된 것입니다. 성경에 따르면, 한 해의 시작은 춘분인 3월 25일입니다. "하느님께서는 빛과 어둠을 가르시어"(창세 1,4)라는 말씀을 읽어 보면, 3월 25일 낮과 밤이 정확히 같은 시간으로 나뉘는 것처럼, 모든 것이 정확히 균일하게 나뉩니다. 그러므로 1월

1일이 한 해의 시작이라는 것은 옳지 않습니다.

이교인의 관습

  11. 나방과 쥐를 위한 날을 기억하는, 매우 어리석은 미신의 비애에 관해 지금 우리가 무슨 말을 할 수 있습니까? 그리스도인이라는 이들이 하느님이 아니라 나방과 쥐를 경배하고 있으니 말입니다. 만약 나방과 쥐가 빵이나 옷을 갉아먹어 없애지 않아서 빵과 옷이 작은 상자나 바구니에 고스란히 남아 있다고 해서, 여러분이 그것들에게 감사하는 헌신적인 하루를 보낸다 하더라도 그것들은 전혀 관심도 없을 것입니다. 불운한 사람이 연초에 모든 일이 번창하고 성공적인 한 해가 될 거라고 스스로 확신하는 것은 큰 의미가 없습니다. 이 모든 것은 악마에게서 유래한 이교인의 관습입니다. 자신에게 호의적인 하느님이 없다고 믿는 사람과 하느님으로부터 충분한 빵과 삶의 보호를 받지 못한 사람들의 문제입니다. 그러나 여러분은 이런 쓸데없는 미신을 여전히 공공연하게 행하고 있고, 마귀들에게 제물을 바치기를 그치지 않습니다. 그렇다면, 왜 그들은 여러분을 계속해서 번영시키고 안전하고 행복하게 해 주지 못하는 것입니까? 왜, 이

농부들을 위한 계도

쓸모없는 제물들은 하느님께서 화가 나셨을 때 여러분에게 보낸 메뚜기나 쥐 떼와 같은 다른 많은 시련으로부터 여러분을 지켜 주지 못하는 것입니까?

악마의 유혹

12. 마귀들이, 여러분이 헛되이 따르는 미신적인 관습으로 여러분을 속이고 있고, 종종 보게 되는 전조 현상들로 놀린다는 것을 여러분은 어떻게 모를 수 있습니까? 가장 지혜로운 사람이었던 솔로몬은 "점과 징조와 꿈은 헛된 것이다"(집회 34,5), "거기에 마음을 두지 마라. 꿈은 수많은 이들을 속였기 때문이다"(집회 34,6-7 참조)라고 말하며, 사람들이 이런 것을 두려워할수록 그의 마음은 더 현혹된다고 했습니다. 이것이야말로 성경의 증언이며 명백한 진실입니다. 불행한 사람들이 새들의 노래를 통해 악마들을 불러내고, 또 시시하고 쓸데없는 방법으로 그리스도교 신앙을 파괴하는 한, 그들은 서서히 그리고 예상치 못한 가운데 스스로 파멸로 나아갈 것입니다. 하느님께서는 사람들에게 미래를 알도록 허락하지 않으셨습니다. 그 대신 항상 하느님을 경외하고 그분의 지도를 받고 하느님께 도움을 청하면서 살아야 한다

고 하셨습니다. 하느님 홀로 모든 일을 예견하실 수 있습니다. 그러나 마귀들은 자기들이 쫓겨난 하늘나라에 사람들이 들어가지 못하게 하기 위하여, 자기들의 처음 바람처럼 사람들의 영혼을 지옥으로 끌고 가서, 사람들이 하느님께 대적할 때까지 여러 가지 이야기로 어리석은 사람들을 속이려고 합니다.

예수 그리스도

13. 하느님께서는 당신 대신 사탄을 경배하고 자신의 창조주를 잊은 사악한 천사들과 악마에게 기만당하는 사람들의 비참함을 보셨습니다. 그리하여 사람들이 악마의 유혹에서 벗어나 참된 하느님을 경배하도록 하기 위하여, 당신의 지혜이자 말씀이신 외아드님을 우리에게 보내셨습니다. 그리고 하느님 아들의 신성을 사람들이 알아볼 수 있도록, 사람과의 결혼을 통해서가 아닌 성령으로 잉태되어, 동정녀 마리아의 태를 통해 인간으로 태어나셨습니다. 비가시적이어서 드러나지 않는 하느님이 아닌, 가시적인 사람의 모습으로, 인간으로 태어나신 하느님의 아들은 사람들에게 말씀을 전하셨습니다. 그분은 사람들에게 우상과 사악한 행동

에서 벗어나고 사탄의 힘에서 벗어나 그들의 창조주를 다시 경배하도록 회개하라고 가르치셨습니다. 예수님께서는 가르침을 전하신 뒤 사람들을 위해 기꺼이 돌아가셨습니다. 죽음의 고통을 마지못해서가 아니라 기꺼이 겪으셨습니다. 폰투스 지방에서 태어났으며 당시 시리아의 총독이던 본시오 빌라도의 판결에 따라 유대인들에 의해 십자가에 못 박히셨으며, 십자가에서 내려져 무덤에 안장되시고, 사흘 만에 죽음에서 다시 부활하셔서, 사십 일 동안 열두 제자들과 대화하시고 당신의 육신이 진짜로 부활하신 것을 보여 주셨습니다. 그분께서는 부활하신 후 제자들과 함께 음식을 드셨습니다. 사십 일의 마지막 날, 예수님께서는 당신의 제자들에게 명하시기를, 온 세상에 하느님의 아들이 부활했음을 알리고, 죄의 사함을 위해 성부와 성자와 성령의 이름으로 세례를 베풀고, 세례 받은 사람들에게 우상 숭배와 살인, 도둑질, 거짓증언, 간음 등과 같은 악한 일로부터 벗어날 것이며 자신이 하기 싫은 일은 다른 사람에게도 하지 말도록 가르치라고 이르셨습니다. 그리고 이렇게 설교를 마치신 후에, 제자들이 지켜보는 가운데 하늘로 올라가셔서 아버지 오른편에 앉으셨습니다. 그리고 이 세상 끝 날에, 영광에 싸여서 하늘로 올라가신 모습으로 다시 오실 것입니다.

최후의 심판

14. 이 세상 끝 날에, 선하든 악하든, 첫 번째 사람이었던 아담과 하와로부터 기인한 모든 사람과 온 민족들은 하늘로 올라갈 것이며, 그리스도의 심판을 받을 것입니다. 그리하여 믿음으로 충실히 살아온 사람들과 악을 피해 선을 추구한 사람들은 그들의 수호천사들과 함께 하늘나라로 들어갈 것입니다. 그들의 영혼은 육신과 합쳐져서 노동과 고통, 슬픔, 굶주림, 목마름, 뜨거움, 추위, 낮과 밤이 없고, 대신 늘 행복하고 충만하고, 빛과 영광 속에 머무르는 하느님의 천사들처럼 영원한 쉼터에서 다시는 죽지 않고 살 것입니다. 그들은 악마, 그리고 그와 함께 꾀한 천사들이 떨어져 나간 하늘나라에 들어갈 자격이 있기 때문입니다. 하느님께 신실했던 모든 사람은 영원히 살 것입니다. 그러나 하느님을 믿지도 않고 세례도 받지 않았으며, 세례를 받았더라도 세례 후에 우상을 숭배하고 살인과 간음, 거짓증언을 비롯한 짓을 일삼는 사람과 회개 없이 죽은 사람은, 악마와 그들이 숭배한 모든 마귀와 그들이 행한 모든 악행과 함께 영원히 꺼지

농부들을 위한 계도

지 않는 지옥불에 던져질 것입니다. 그곳은 영원히 꺼지지 않는 불이 있고 부활할 때 되찾은 육신이 영원토록 고통과 신음을 겪게 될 곳입니다. 이런 고통을 벗어나기 위해 다시 죽기를 원하지만 죽는 것은 허락되지 않으며 영원히 고통을 받을 것입니다. 이것은 율법과 예언자들의 말씀입니다. 간단히 말해서, 이것은 그리스도의 복음이고 사도들의 이야기이며 성경의 증언입니다. 그러므로 사랑하는 여러분, 우리가 이야기한 말들을 기억하고 하늘나라에 대한 희망으로 선한 일을 하든지, 지옥에 있는 영원한 불이 기다리는 악한 일을 하든지는(이것이 이루어지지 않기를 바라지만!) 여러분에게 달렸습니다. 영원한 삶과 영원한 죽음 모두 인간의 선택에 달려 있습니다. 어떤 것을 선택하든 둘 중 하나가 될 것입니다.

세례를 통한 계약

15. 성부와 성자와 성령의 이름으로 그리스도의 세례를 받은 신심 깊은 여러분은, 이 세례를 통해 하느님과 맺은 계약에 충실하십시오. 여러분 모두는 세례식에서, 베드로, 요한 또는 어떤 이름으로든 "당신의 이름은 무엇입니까?"라는 사제의 질문을 받았을 것입니다. (요한이라는 이름을 예로

들면) 여러분이 직접 대답할 수 있는 나이라면 직접 대답했을 것이고, 적어도 여러분을 세례식에 데리고 오고, 여러분을 위해 신앙고백을 해 줄 수 있는 누군가가 있었다면 "그의 이름은 요한입니다"라고 대답했을 것입니다. 그리고 사제는 "요한, 그대는 악마와 그의 심부름꾼들, 그들을 숭배하는 의식과 우상 숭배, 도둑질, 사기, 간음, 술에 취하는 행위와 모든 악한 일을 끊겠습니까?"라고 물었습니다. 그리고 여러분은 "저는 그것들을 끊겠습니다"라고 대답했습니다. 이렇게 악마와의 절교 후에 다시 "당신은 전지전능하신 아버지 하느님을 믿습니까?"라는 사제의 물음을 받았습니다. 그리고 여러분은 "저는 믿습니다"라고 대답했습니다. "그리고 그분의 외아들, 우리의 하느님이시자 주님이시고, 성령으로 잉태되시어 동정녀 마리아에게서 태어나신 예수 그리스도께서 본시오 빌라도 총독 아래에서 고난당하시고 십자가에 못박히고 묻히셨으며 사흘 만에 부활하시어 하늘나라로 올라가셔서 아버지 오른편에 앉으시고 산 이와 죽은 이를 심판하러 오심을 믿습니까?"라는 물음에 "믿습니다"라고 대답했습니다. 그리고 다시 "성령과 거룩한 가톨릭교회와 죄의 사함과 육신의 부활과 영원한 생명을 믿습니까?"라는 질문을 받습니다. 이에 "믿습니다"라고 여러분은 응답하였습니다. 그러므로 여러분이 세례를 통해 하느님과 어떤 약속을 했는지 잘 생각해 보십시오. 여러분은 악마와 그의 심부름꾼들과 그의 모든 악행을 벗어 버린다고 약속했고 성부와 성자와 성령을 믿으며 마지막 날에 육신의 부활과 영원한 생명을 소망한다고 고백했습니다.

세례 후의 악행

16. 이것이 하느님 앞에서 여러분이 했던 약속과 고백입니까? 악한 일을 끊겠다고 고백한 사람들이 다시 악마와 그의 심부름꾼들을 숭배하는 것이 어찌 있을 수 있는 일입니까? 가당키나 한 일입니까? 바위와 나무, 우물 곁에서 그리고 교차로에서 촛불을 밝히는 것이 악마를 숭배하는 일이 아니면 무엇입니까? 점을 보고 미래를 예측하고 우상의 날들을 지키는 것이 악마를 숭배하는 일이 아니고 무엇입니까? 헤파이스토스의 날[4]과 초하루를 지키기 위해 상을 차리고 월계관을 놓고, 맨발로 다니고 과일과 포도주를 난로 속의 나무 위에 올려놓고, 샘에 빵을 던지는 것이 악마를 숭배하는 일이 아니고 무엇입니까? 여성들이 옷을 짤 때 아테나

의 이름을 부르고, 결혼할 때는 아프로디테의 날을 지키며, 여행을 시작하는 날을 조심하는 것이 악마를 숭배하는 일이 아닙니까? 독약을 만들기 위해 주문을 읊조리고, 주문을 외우면서 악마의 이름을 들먹이는 것이 어찌 악마를 숭배하는 일이 아니겠습니까? 이 외에도 이루 말할 수 없이 많은 것이 있습니다. 여러분은 마귀를 끊어 버리고 세례를 받은 후에, 믿음을 벗어나서 악마와 우상을 숭배하고 하느님과의 약속을 깨뜨리고 이 모든 잘못을 저질렀습니다. 여러분은 세례를 통해 받은 십자가 표시를 포기하고, 새들이 나는 모습, 재채기, 그리고 악마를 나타내는 다른 많은 표시에 관심을 가졌습니다.[5] 왜 이런 행위들이 저나 신심 깊은 그리스도인들을 해치지 않을까요? 왜냐하면 십자가 표시가 있는 곳에는 사탄의 표시가 들어올 수 없기 때문입니다. 왜 여러분에게 해를 끼치겠습니까? 왜냐하면 여러분은 십자가 표시를 무시하고 여러분 스스로 만든 표시를 두려워하기 때문입니다. 비슷한 예로, 여러분은 세례 안에서 응답한 거룩한 신앙고백인 "전지전능하신 하느님을 믿습니다", 그리고 주님의 기도에서 고백한 "하늘에 계신 우리 아버지"(마태 6,9)를 포기했습니다. 그리고 악마의 주문과 관심을 받아들였습니다. 그

농부들을 위한 계도

리스도의 십자가 표시를 경멸하고 다른 표식을 찾는 사람은 누구든지 세례를 통해 받은 십자가 표시를 잃어버립니다. 비슷한 예로, 마술사나 악인이 만든 다른 주문들을 읊는 사람들은 누구든지 그리스도의 믿음 안에서 받았던 주님의 기도와 신앙고백에 대한 거룩한 신조를 잃어버리고, 그리스도의 믿음을 발로 짓밟을 것입니다. 하느님과 사탄을 함께 섬길 수는 없기 때문입니다.

하느님의 자비

17. 친애하는 형제 여러분, 지금까지 이야기한 모든 것을 여러분이 이해했다면, 세례를 받은 후에 이러한 잘못을 저질렀고 그리스도에 대한 믿음을 저버렸다는 것을 깨달았다면, "세례 받은 후에 이런 악한 일을 저질렀기 때문에 아마도 하느님께서는 나의 죄를 용서하지 않으실 거야"라고 마음속으로 생각하며 스스로 절망에 빠지지 않도록 하십시오. 하느님의 자비에 의문을 가지지 마십시오. 오직 온 마음을 다해 하느님의 계명을 실행하십시오. 더 이상 악마를 숭배하지 마십시오. 하늘에 계신 하느님 이외의 그 어떤 것도 숭배해서는 안 됩니다. 그리고 살인과 간음을 하지 말고 우상 숭

배와 도둑질, 거짓증언을 하지 마십시오. 온 마음으로 이것을 하느님과 약속하고는 더 이상 이러한 잘못들을 되풀이하지 말고 하느님의 용서를 확실히 희망하시길 바랍니다. 왜냐하면 주님께서 예언자를 통해 "악인도 자기가 저지른 모든 죄를 버리고 돌아서서 공정과 정의를 실천하면, 그가 저지른 모든 죄악은 더 이상 기억되지 않을 것이다"(에제 18,21-22 참조)라고 말씀하셨기 때문입니다. 이처럼 하느님은 죄인의 회개를 기다리십니다. 참된 회개는 자기가 행했던 악행을 다시 저지르지 않고 지나간 잘못에 대해 용서를 구하고 앞으로 다시는 죄의 나락에 빠지지 않도록 주의를 기울이는 것입니다. 또한 이와 더불어 선한 일을 행하며 배고픈 이에게 음식을 주고 지친 나그네에게 쉼을 주며, 남에게서 바라는 대로 그들에게 해 주고, 내가 하기 싫은 것을 다른 이들에게 하지 않는 것입니다. 여러분이 앞서 말한 것들을 지킨다면 이로써 하느님의 계명은 완성될 것입니다.

신앙인의 삶

18. 친애하는 여러분, 하느님께서는 가장 비천하고 보잘것없는 우리에게 우리가 실천할 수 있는 계명을 주셨습니

다. 우리가 여러분에게 바라는 것은 이것을 명심하고 실천하는 것입니다. 그리고 어떻게 여러분의 영혼을 구할 수 있는지 생각하십시오. 그래서 이 세상의 현세적인 것들과 덧없는 실리적인 것들을 구하지 말고, 오히려 신경에서 약속한 것처럼 육신의 부활과 영원한 생명을 기억하십시오. 우리가 이미 여러분에게 말한 것처럼, 여러분이 육신의 부활과 하늘나라에서 하느님의 천사들과 함께 영원한 생명을 살아갈 수 있다고 믿었고 또 믿는다면, 현세의 불행을 생각하기보다는 온 힘을 다해서 하늘나라의 삶을 생각하십시오. 선한 일을 실천함으로써 여러분의 길을 예비하십시오. 자주 성당이나 기도할 수 있는 곳에 가서 하느님께 기도하십시오. 주일을 소홀히 지내지 마십시오. 죽음에서 부활하신 하느님의 아들이시며, 우리의 주님이신 예수 그리스도를 경배하십시오. 주일에는 육신을 돌보기 위해 음식을 마련하는 일이나 긴 여행을 준비하기 위한 일을 제외하고는 들이나 목초지, 과수원 등과 같이 여러분의 마음이 가 있는 그런 곳에서는 일하지 마십시오. 주일에 근처로 여행은 가도 되지만, 그보다는 악한 마음을 버리고 선한 마음으로 성스러운 곳으로 산책을 가거나 형제나 친구를 방문하십시오. 그리고 아픈 사람을 돌보고, 어려움에 처한 사람을 도우십시오. 그리스도인들은 주일을 거룩히 지내야 합니다. 마귀들은 창조라고는 한 적 없으며 그들을 위한 어떤 날도 없는 것이 확실함에도, 그리스도교 신앙을 알지 못하고 우상과 악마를 숭배하는 이교인들이 일을 하지 않고, 제우스를 비롯한 마귀들의 날을 기념하는 것은 수치스러운 일입니다. 그러나 우리는 하느님을 경배하고 죽음에서 부활하신 하느님의 아들을 믿는다고 하면서, 여전히 부활의 날인 주일을 거룩히 지내지는 않습니다. 주님의 부활을 잘못 생각하지 말고 그날을 맞갖게 맞이하며 우리가 품고 있는 희망을 생각하여 존중하십시오. 왜냐하면 우리의 머리이시며 삼 일 만에 죽음에서 부활하신 우리 주 예수 그리스도처럼 그분의 자녀들인 우리 역시 세상 끝 날에 육신이 부활하여, 이 땅에서 우리가 행한 일에 따라 영원한 안식이나 영원한 벌을 받을 것을 희망하기 때문입니다.

맺음말

19. 명심하십시오. 우리의 간절한 바람에 귀를 기울이시는 하느님과 그분의 거룩한 천사들의 도우심으로, 여러분이

선행을 잘 실천할 수 있도록 우리에게 맡겨진 일들을 우리는 충실히 수행했습니다. 그리고 하느님께서 우리에게 명하신 대로 우리는 여러분에게 하느님의 은총도 나누어 주었습니다. 이제는 여러분 차례입니다. 여러분이 해야 할 바를 생각하고 실천하십시오. 그러면 주님께서 오실 때, 여러분 각자는 주님께 받은 것을 기쁘게 돌려드릴 수 있을 것입니다. 우리는 하느님께서 우리를 악에서 지켜 주시고 하늘나라에서 거룩한 천사들과 함께할 수 있도록 주님의 자비를 기원하며, 영원히 살아 계시며 다스리시는 하느님을 통하여 기도합니다. 아멘.

Martinus Bracarensis
Sententiae Patrum Aegyptiorum

브라가의 마르티누스
이집트 교부들의 금언집

두미오의 주교 마르티누스가 그리스어에서 라틴어로
번역한 글

1. 압바 요한은 형제들에게 다음과 같이 권고하였다. "사부들은 약간의 빵과 소금만으로 끼니를 해결했습니다. 이는 자신의 육신을 굴복시킴으로써 하느님의 일을 수행하는 데 더욱 굳건해지기 위해서였습니다. 우리도 같은 빵과 소금으로 우리의 육신을 가두어 둡시다. 하느님을 섬기는 사람은 마땅히 이런 것들을 굴복시켜야 하기 때문입니다. 주님께서도 '생명으로 이끄는 길은 좁고 또 비좁다'(마태 7,14 참조)"고 말씀하셨습니다."

2. 한 형제가 압바 요한에게 물었다. "저희가 단식과 철야기도를 하는 이유는 무엇입니까?" 압바는 대답했다. "겸손한 영혼을 지니기 위해서입니다. 성경에도 이렇게 기록되어 있습니다. '저의 비참과 고생을 보시고, 저의 죄악을 모두 없이 하소서'(시편 25,18). 따라서 영혼이 단식과 기도에 전념할 때 하느님께서는 그 영혼을 불쌍히 여기시어 자비를 베푸실 것입니다."

3. 압바 포이멘은 말하였다. "만일 여러분이 생각으로 간음을 저질렀거나 이웃을 모욕했다면, 그리고 둘 중 하나라도 여러분의 마음에 남아 있다면, 침묵을 지킬 것이고 단 한 순간도 편하게 휴식을 취하지 마십시오. 이런 생각들을 마음 안에 담고 있으면, 그 해악을 느낄 것이기 때문입니다. 따라서 그것들을 몰아낸 뒤에야 휴식을 취하십시오."

4. 한 형제가 스승에게 물었다. "스승님, 음욕을 이기려면 제가 무엇을 해야 합니까?" 스승은 대답했다. "하느님께 기도하십시오. 그리하여 항상 우리 곁에 계시고 우리를 구원하시는 하느님의 도움의 은총을 그대의 영혼의 눈이 볼 수 있게 하십시오."

5. 한 형제가 시장에 가서 압바 포이멘에게 물었다. "제가 만든 수공예품을 어떻게 팔아야 합니까?" 압바는 대답했다. "그것이 지닌 가치보다 더 비싸게 팔려고 하지 마십시오. 그리고 형제가 실수로 가격을 낮게 매겼다면, 그래서 누군가가 자신이 처음에 계획했던 것과는 달리 싼값에 더 많이 사려고 한다면, 불평 없이 그냥 파십시오. 사실 나 역시 자주 시

장에 나오기는 하지만, 내가 만든 공예품을 팔아 이익을 얻으려고 하지 않습니다. 또한 나의 형제에게 불공평한 거래를 하지 않습니다. 내 형제가 얻게 되는 이익은 나를 위한 열매이기도 하다는 것을 나는 확신하고 있기 때문입니다."

6. 한 형제가 압바 아가톤을 찾아가 물었다. "스승님, 제가 스승님과 함께 살 수 있도록 허락해 주십시오." 압바는 그를 받아들이려고 하였는데, 문득 그의 손에 '소다석石'이 들려 있는 것을 보고는 그에게 물었다. "그 소다석을 어디서 구했습니까?" 그 형제는 "오는 길에 주웠습니다" 하고 대답하였다. 그러자 압바는 그에게 말하였다. "그대가 그 소다석을 거기에 두었었습니까?" 그가 아니라고 대답하자, 압바는 말하였다. "그대가 거기에 놓아둔 것이 아니라면, 어떻게 나와 살려고 하면서 자기가 놓아두지도 않은 것을 집어 들고 올 수 있단 말입니까?" 압바는 그 형제를 돌려보내며 말하였다. "이것을 다시 가지고 가서 본디 있던 자리에 두고 돌아와 나와 함께 살도록 하십시오."

7. 한 형제가 압바 시소에스에게 물었다. "제가 부모님으로

부터 유산을 상속받게 되었습니다. 유산을 어떻게 해야 하겠습니까?" 압바는 대답하였다. "형제여, 내가 무슨 말을 할 수 있겠습니까? 만일 내가 '그 유산을 교회를 위해 쓰도록 성직자들에게 봉헌하십시오' 한다면, 그들은 기쁘게 받을 것입니다. 만일 내가 '그대의 친척들에게 주십시오' 한다면, 형제는 그들로부터 아무런 보상도 받지 못할 것입니다. 따라서 그대가 나의 충고를 따르고자 한다면, 그 유산을 곤궁한 사람에게 주고 그대는 아무런 근심걱정이 없는 사람이 되어야 합니다."

8. 압바 모세가 말하였다. "세속적이고 감각적인 것들로부터 우리를 떼어 놓는 것은 자발적인 청빈, 항구한 인내심 그리고 식별입니다. 수도승이 지녀야 할 것은 바로 이것들입니다. 성경에도 이렇게 기록되어 있습니다. '비록 그곳에 노아와 다니엘과 욥, 이 세 사람이 있다 하더라도, 내가 살아 있는 한, 주 하느님의 말이다, 그들은 자신만 구할 수 있을 뿐이다'(에제 14,14.16). 노아는 자발적인 청빈을 상징합니다. 그리고 욥은 항구한 인내심을, 다니엘은 식별을 상징합니다. 따라서 거룩한 이 세 위인의 삶을 자신 안에 간직하고 있는 사

람은, 주님께서 그와 함께 계시고, 그이 안에 머무시며, 그를 받아들이시고, 원수에게서 오는 모든 유혹과 환난을 그에게서 멀리 몰아내실 것입니다."

9. 곤궁한 형편의 세 수도승이 자신들이 소작을 맡고 있는 들에 추수를 하러 나갔습니다. 그런데 추수를 하던 중 한 형제가 쓰러졌습니다. 그래서 일을 그만두고 자기 암자로 돌아갔습니다. 들에 남은 두 형제가 서로 말했습니다. "우리의 형제가 쓰러졌으니, 우리가 좀 더 힘을 내서 추수를 하자. 그가 비록 침대에 누워 있지만, 우리를 위해서 기도하고 있을 테니 우리가 그의 몫까지 추수를 하자." 그렇게 추수를 모두 마친 다음, 그들은 주인으로부터 자신들의 소작료를 받았습니다. 암자로 돌아온 두 형제는 다른 한 형제를 불러 말하였습니다. "자네 몫의 소작료를 받게." 그러나 그 형제는 "나는 추수할 때 아무런 도움을 주지 못했는데, 내가 어떻게 그것을 받을 수 있겠나?"라고 말했습니다. 그러자 두 형제는 대답했습니다. "자네 기도 덕분에 우리가 우리의 몫뿐 아니라 자네의 몫까지 추수할 수 있었으니 자네 몫을 받는 것은 당연한 일이야." 그러나 그는 한사코 받으려 하지 않았습니

다. 그렇게 몇 번의 실랑이가 있었지만, 끝내 그 형제는 자신의 몫을 받기를 거부했습니다. 그래서 그들은 한 현자를 찾아가 이 문제를 해결해 달라고 청했습니다. 먼저 암자로 돌아간 형제가 말문을 열었습니다. "압바, 저희 세 명은 저희가 소작을 부치고 있는 들에 추수를 하러 나갔습니다. 그런데 하루가 지난 뒤, 저는 아파 쓰러졌고 더 이상 일을 하지 못하고 암자로 돌아왔습니다. 그런데 이 두 형제는 제가 일하지도 않은 그 몫을 제가 받아야 한다고 강요하고 있습니다." 그러자 두 형제가 이렇게 대답했습니다. "스승님, 저희의 말도 들어 보십시오. 저희 세 명이 각자 자신에게 맡겨진 일을 충실하게 했기 때문에, 저희는 이 일을 잘 마칠 수 있었던 것입니다. 곧, 이 형제의 기도 덕분에 하느님께서 저희를 도우시어 들의 추수를 끝마칠 수 있었던 것입니다. 그런데도 이 형제는 자신의 몫을 받으려 하지 않습니다." 그들의 말을 모두 들은 그 현자는 크게 놀라워하며 자신의 형제들을 불러 모아 말했습니다. "형제들이여, 이리 와서 '의로운 재판'(로마 2,5 참조)을 들어 보십시오." 그러고는 그들에게 양쪽의 말을 모두 들려주었습니다. 이 말을 들은 그들은, 자신의 몫을 받기를 한사코 거절한 그 형제는 물론 그의 몫을 반드시 주고자 하는 다른 두 형제의 마음에 크게 놀라워했습니다. 이윽고 그 현자는 말했습니다. "형제는 이 두 형제가 나누려는 그 몫을 받으십시오. 그리고 그것을 형제가 원하는 대로 베푸십시오." 그 형제는 슬피 울며 떠나갔습니다.

10. 한 현자가 말하였다. "그대가 이웃과 함께 지낸다면, 튼튼한 돌기둥처럼 되십시오. 상처를 입더라도 분노하지 말고, 칭찬을 받더라도 그다지 기뻐하지 마십시오."

11. 압바 시소에스가 말하였다. "한번은 바구니를 팔기 위해 한 형제와 함께 시장에 갔습니다. 그런데 갑자기 속에서 분노가 치미는 것을 느꼈습니다. 그래서 나는 즉시 바구니들을 내버려 두고 그 자리를 피해 달아났습니다."

12. 압바 요한이 말하였다. "한번은 내가 야자나무 잎으로 끈을 엮으면서 스케티스Scetis² 의 사막으로 가고 있었습니다. 그런데 낙타몰이꾼이 허황되고 속된 말을 늘어놓는 것을 듣게 되었습니다. 내 속에서는 분노가 솟아났고, 그래서 엮고 있던 끈을 내팽개치고 달아났습니다."

이집트 교부들의 금언집

13. 압바 요한이 추수하러 밭에 나갔을 때, 한 형제가 분노에 가득 차 자기 이웃에게 "네가 어떻게 그런 말을 할 수 있어!" 하고 소리 지르는 것을 우연히 듣게 되었다. 그러자 그는 황급히 밭을 떠났다.

14. 한 형제가 압바 포이멘에게 물었다. "'친구를 위하여 목숨을 내놓는 것보다 더 큰 사랑은 없다'는 주님의 말씀은 무슨 뜻입니까? 어떻게 그것을 실천할 수 있단 말입니까?" 압바는 대답하였다. "만일 어떤 사람이 이웃으로부터 무례한 말을 들었을 때 똑같은 식으로 대꾸할 수 있었음에도, 이웃에게서 받은 상처의 흔적을 지우려고 노력하며 그를 아프게 하지 않기 위해 나쁜 말을 하지 않으려 자제한다면, 이것이 바로 친구를 위해 목숨을 내놓는 것입니다."

15. 압바 마카리우스는 말하였다. "우리가 사람에게 받은 상처와 악행들을 계속해서 떠올린다면, 우리는 하느님을 기억하는 덕행을 잃어버리게 됩니다. 그러나 만일 우리가 마귀가 보낸 유혹과 해악들을 상기한다면, 평정심을 잃고 마음이 흐트러지는 일은 없을 것입니다."

16. 압바 마카리우스는 말하였다. "수도승을 죄짓게 하는 것은, 그가 그의 형제에게서 모욕을 당하거나 상처를 입었을 때, 자신의 마음을 사랑으로 깨끗하게 정화하려고 노력하지 않는 것입니다. 수넴 여인의 경우(2열왕 4,8-37 참조)를 생각해 보십시오. 그녀는 누구와도 다툼을 벌이지 않고 평화를 지켰다는 것 외에는 엘리사 예언자를 자신의 집에 모실 만한 아무런 자격도 없었습니다. 수넴 여인은 영혼을 상징하고, 엘리사 예언자는 성령을 상징합니다. 영혼이 정결하지 못하다면, 하느님의 성령을 모실 자격이 없는 것입니다."

17. 일주일에 여섯 날을 완벽하게 단식하지만 지나치게 화를 잘 내는 한 형제를 두고 몇몇 형제가 압바 포이멘에게 물었다. 그러자 압바는 이렇게 대답하였다. "일주일에 엿새를 단식하는 법을 배웠지만 분노를 잘 다스리는 법을 배우지 못한 사람은, 작은 일에도 큰 욕심을 드러내는 사람일 뿐입니다."

18. 압바 포이멘에게는 수도원에 함께 살고 있는 친척이 한 명 있었다. 어느 날 그가 수도원 밖에 사는 어떤 사람과 싸운

적이 있었는데, 압바가 그에게 말하였다. "사랑하는 나의 형제여, 나는 그대가 수도원 밖의 사람들과 다툼을 벌이는 것을 원하지 않습니다." 그러나 그는 압바의 말에 주의를 기울이지 않았다. 그래서 압바는 다른 위대한 현자를 찾아가 그에 관하여 털어놓았다. "제 형제가 수도원 밖의 사람들과 싸우고 돌아왔습니다. 그리하여 우리의 평화는 깨지고 말았습니다." 현자가 대답하였다. "포이멘 형제여, 그대는 아직도 자기 자신을 죽이지 못했군요. 당신의 수방修房(cella)[3]으로 돌아가 지난 일 년간 당신의 무덤 안에 갇혀 있던 그대의 마음을 돌이켜 보십시오."

19. 압바 포이멘이 자신의 수방에 머물러 있을 때, 두 형제가 크게 싸우는 일이 벌어졌다. 그럼에도 포이멘은 그들에게 아무 말도 하지 않았다. 압바 파눕이 그것을 보고 말하였다. "당신은 왜 형제들을 내버려 두는 겁니까? 왜 그들에게 싸움을 그치라고 말하지 않는 겁니까?" 포이멘이 말하였다. "그들은 형제입니다. 그들이 알아서 원만하게 잘 수습할 겁니다." 그러자 압바 파눕이 말하였다. "그냥 놔두라고요? 그들의 싸움이 피를 흘리기 일보 직전이라는 것을 당신도 보고

있지 않습니까? 그런데도 그들이 다시 화해할 거라고 말하는 겁니까?" 압바 포이멘이 말하였다. "형제여, 그저 내가 지금 여기에 없다고 생각하십시오." 그렇게 포이멘은 관대함으로 평온을 잃지 않았고 침묵 속에 잠겼다.

20. 한번은 이단에 빠진 이들 몇몇이 압바 포이멘을 찾아와 알렉산드리아의 대주교를 비난하기 시작하였다. 그러나 포이멘은 그들에게 아무런 말도 하지 않고 오히려 제자들을 불러 말하였다. "이분들을 위해 식탁을 차리고 먹을 것을 대접하십시오. 그리고 그들이 평화 속에 돌아갈 수 있도록 하십시오."

21. 한 형제가 압바 포이멘에게 물었다. "수도승이 자신의 수방에 머물러야 한다는 것은 무슨 의미입니까?" 그가 대답하였다. "수방에 머문다는 것은 남의 도움을 구하지 않고 자신의 노동으로 생활한다는 것입니다. 또한 하느님의 말씀을 전하는 것이고, 침묵에 잠기는 것이며, 오직 빵만으로 생활한다는 것입니다. 도덕적 성장을 이루는 길은 드러나지 않습니다. 그러나 머묾을 통해서 그리고 자신의 생각을 잘 다

스리는 것을 통해서 걸어갈 수 있습니다. 또한 어느 곳에 가든지 정해진 기도 시간을 준수하는 것이며, 개인 시간이 주어졌다고 해서 그 시간을 낭비할 것이 아니라 묵상에 전념하는 것입니다. 그리고 마지막으로, 대화를 나눌 때 험담이나 죄짓는 말을 삼가고 도덕적으로 선한 이야기를 하는 것입니다."

22. 한 형제가 압바 포이멘에게 물었다. "제 마음이 돌처럼 굳어 버려 하느님을 두려워하지 않습니다. 어떻게 해야 제가 하느님을 옳게 두려워할 수 있겠습니까?" 그가 대답하였다. "내 생각으로는, 끊임없이 자신을 견책하는 사람은 하느님을 두려워하는 법을 알게 될 것이라고 생각합니다." 그 형제가 다시 물었다. "자신을 견책한다는 것은 무엇입니까?" 그가 대답하였다. "모든 일에서 자신의 영혼을 견책하는 것입니다. 영혼에게 '언젠가는 하느님 앞에 서야 한다'고 말하는 것입니다. 그리고 더 나아가 '왜 나는 나의 악의를 다른 사람에게 보여 주려 했던가?' 하고 꾸짖는 것입니다. 내 생각에, 이것을 실천하는 사람의 영혼에는 하느님을 옳게 두려워하는 마음이 깃들 것입니다."

23. 압바 마카리우스는 말하였다. "만일 수도승이 비판을 칭찬으로, 가난을 부로, 굶주림을 만찬으로 여길 수 있다면, 그는 죽지 않을 것입니다. 하느님을 믿고 그분을 거룩하게 공경하는 사람이 불결한 욕정이나 악마의 유혹에 빠지는 것은 불가능한 일입니다."

24. 압바는 계속 말하였다. "깨어 있을 때나 길을 걸을 때나 앉아 있을 때, 그 밖의 어떤 일을 할 때라도 하느님께서 자신의 눈앞에 계시다고 믿고 행동하는 사람이라면, 원수가 그를 두려움에 빠지게 할 수 없습니다. 이를 실천하는 사람은 하느님의 강하심이 그를 붙잡아 줄 것입니다."

25. 어떤 형제가 압바 페트루스에게 말하였다. "제가 수방에 머물 때, 제 영혼은 평화롭습니다. 그러나 수방을 벗어나, 제 형제가 무엇인가 말하는 것을 들을 때, 제 영혼의 평화는 깨지고 맙니다." 페트루스는 대답하였다. "열쇠로 엉뚱한 문을 연 것입니다." 그 형제가 무슨 뜻인지를 묻자 압바는 이렇게 대답하였다. "어쩔 수 없이 듣게 된 말들이 그대의 보잘것없는 호기심의 문을 열게 만든 것입니다." "그러면 어떤 형제

가 도착했을 때, 저희는 어떻게 해야 합니까? 그에게 뭐라고 말해야 합니까?" 압바는 대답하였다. "누구에게나 배움은 고통입니다. 그러나 고통이 없다면 옳게 서는 것도 불가능합니다."

26. 한 형제가 압바 시소에스에게 물었다. "얼마나 오랜 시간이 지나야 욕정을 끊어 버릴 수 있습니까?" 그가 대답하였다. "어느 때고 욕정이 솟아나면, 그 욕정을 끊으십시오."

27. 한 형제가 압바 아가톤에게 조언을 구하였다. "욕정을 떨쳐 버릴 수가 없습니다." 압바가 그에게 대답하였다. "욕정을 일으키는 것들은 이미 당신 안에 있습니다. 따라서 당신이 그것들을 절대 용납하지 않는다는 굳센 의지를 욕정에게 보여 주십시오. 그러면 욕정은 당신을 떠나갈 것입니다."

28. 한 형제가 은수자를 찾아가 그동안 자비롭게 대해 주었음에 감사의 인사를 전하며, 이제는 떠나야 할 때가 되었다고 말하였다. "스승님, 그동안 스승님의 일상을 어지럽힌 데 대하여 용서를 청합니다." 그러자 스승이 대답하였다. "형제

여, 나의 일상은 누구든지 나를 찾아오는 이를 평화로이 맞이하는 것이고, 그가 떠날 때는 자비로이 그를 보내 주는 것입니다."

29. 한 형제가 현자에게 물었다. "성경에 기록되어 있기를, 하느님께서는 영혼에게 온갖 좋은 것을 약속하셨는데, 어찌하여 인간의 영혼은 하느님의 선하심 안에 머무르려 하지 않고 자꾸만 찰나적이고 현세적인 것에게로 기우는 것입니까?" 현자는 대답하였다. "그것은 영혼이 아직 천상 것들의 달콤함을 맛보지 못했기 때문입니다. 그래서 그토록 빨리 정결치 못한 것들로 돌아서는 것입니다."

30. 한 형제가 현자에게 물었다. "영혼이 욕정을 사랑하는 이유는 무엇입니까?" 현자가 대답하였다. "영혼은 욕정을 사랑하지만, 하느님의 영은 욕정을 혐오합니다. 따라서 우리는 그렇게 정결치 못한 것이 우리 마음 안에 있음을 슬퍼해야 하고 동시에 경계해야 합니다. 마리아 막달레나는 울면서 몸을 굽혀 무덤 속을 들여다보았고, 주님께서는 즉시 그녀에게 나타나셨습니다(요한 20,11-18 참조). 우리의 영혼도

눈물을 사랑하고 눈물을 흘린다면 그렇게 될 것입니다."

31. 한 형제가 현자에게 물었다. "스승님, 구원에 도움이 되는 말씀을 부탁드립니다." 현자는 대답하였다. "가서 하느님께 그대의 마음을 비통함과 겸손으로 채워 주시기를 청하십시오. 그리고 그대의 죄악들을 늘 경계하십시오."

32. 압바 포이멘에 관하여 이렇게 전해진다. 그는 자신의 수방을 떠나 어떤 모임에 참석하기 위하여 교회로 갈 때면, 교회 밖에서 거의 한 시간 정도 자신의 생각을 정리하는 시간을 가진 뒤에야 비로소 교회 안으로 들어갔다고 한다.

33. 한 형제가 현자에게 물었다. "저의 죄를 씻기 위해서 제가 무엇을 해야 합니까?" 현자는 대답하였다. "죄를 피하기를 간절히 원하는 사람은 눈물로써 죄를 피할 수 있으며, 자신 안에 덕행의 탑을 쌓고자 하는 사람도 눈물로써 그것을 쌓을 수 있습니다. 사실 성경도 비탄의 눈물을 엮어 놓은 것이며, 우리의 예언자들도 제자들에게 '탄식하며 슬피 울어라'(예레 4,8)라고 하였습니다. 이것 외에 다른 길은 없습니다."

34. 한 형제가 현자에게 물었다. "스승님, 제가 무엇을 해야 합니까?" 현자가 대답하였다. "아브라함이 약속된 땅으로 들어갔을 때, 그가 제일 먼저 한 일은 무덤으로 쓸 땅을 사는 것이었습니다. 그리고 그 무덤 근처의 땅을 자신의 소유로 만들었습니다"(창세 23장 참조). 그 형제가 "무덤은 무엇을 의미합니까?" 하고 묻자, 현자는 대답하였다. "비탄과 통곡의 눈물을 흘리는 곳이 바로 무덤입니다."

35. 압바 모세는 말하였다. "누군가의 행동이 그가 바치는 기도와 일치하지 않는다면, 그가 하는 모든 수고는 헛것이 됩니다. 그가 자신을 위하여 기도할 때 그의 죄는 용서를 받을 것이며, 다시는 죄를 짓지 않고자 조심하게 될 것입니다. 죄를 피할 것을 다짐하고 '주님을 경외함'의 길을 걷는 사람은, 주님께서도 그를 기쁘게 받아 주실 것입니다."

36. 한 형제가 현자에게 물었다. "자신 안에서 생겨나는 모든 유혹을 어떻게 다루어야 합니까? 또한 원수가 보내는 모든 생각과 분심들을 어떻게 다루어야 합니까?" 현자는 대답하였다. "하느님의 선하신 눈길 안에서 슬피 울어야 합니

다. 그러면 하느님께서 그를 도우시고 구원하실 것입니다. 성경에도 이렇게 기록되어 있습니다. '주님은 나를 도우시는 분이시니, 나를 미워하는 자들을 나는 내려다보리라'(시편 118,7).”

37. 한 형제가 현자에게 물었다. "스승님, 보십시오. 어떤 사람이 자신의 종이 범한 잘못을 두고 그 종을 매질했습니다. 그러면 그 종은 주인에게 뭐라 말해야 합니까?" 현자는 대답하였다. "그가 나쁜 종이 아니라면, 그는 자신의 주인에게 '제가 죄를 지었습니다. 저에게 자비를 베풀어 주십시오' 하고 말해야 합니다. 다른 말은 소용이 없습니다. 그 종이 자신의 죄를 인정하고 솔직히 고백한다면, 주인은 그를 용서할 것입니다.”

38. 한 형제가 현자에게 물었다. "신앙 때문에 박해를 받는다면, 어디로 피신해야 합니까?" 현자는 대답하였다. "'주님께 충실한 이들은 올바른 이들입니다'라는 말을 들을 수 있는 곳, 그곳이 바로 피신처입니다.”

39. 한 형제가 압바 포이멘에게 물었다. "제가 수방에 머무를 때면 온갖 분심이 저를 괴롭힙니다. 제가 어떻게 해야 합니까?" 포이멘이 대답하였다. "아무도 경멸하지 마십시오. 아무도 심판하지 마십시오. 아무에게도 악한 말을 건네지 마십시오. 그러면 하느님께서 그대에게 평온함을 주실 것이고 마음의 혼란함 없이 차분하게 수방에 머무를 수 있도록 해 주실 것입니다. 영혼은 누군가의 말과 행동을 지켜보게 하고 심판하게 만드는 성질을 가지고 있기 때문입니다. 하느님의 눈길 안에 자신을 묶어 두는 사람은 자신을 과대평가하지도 제 자랑 하지도 않으며, 자신의 의지를 확신하지도 않습니다. 대신 자신의 수방에 앉아 자리를 지킴으로써, 스스로를 혼돈 속으로 밀어 넣지 않을 것입니다. 왜냐하면 이를 통해 영혼을 단련할 것이기 때문입니다. 이 가운데에서 가장 주의를 기울여야 할 것은, 자신의 의지를 확신하지 않도록 늘 경계하는 것입니다. 그때 그대는 평화를 얻을 것입니다."

40. 한 형제가 현자에게 물었다. "제 생각과 분심들이 저를 괴롭힙니다. 제가 무엇을 해야 합니까?" 현자는 대답하였다.

"그대의 그 생각들에게 외치십시오. '내가 얼마나 잘못을 저지르고 죄를 지어야 내가 너를 책망할 수 있단 말이냐? 내게 말해 보아라!' 그러면 그대는 평화를 되찾을 것입니다. 그대의 욕망들을 잘 성찰하고, 그것들을 옆으로 치워 버리십시오. 그러면 그대는 아무런 걱정이나 근심이 없을 것이며, 그대를 괴롭히던 생각들도 그대를 떠날 것입니다."

41. 한 형제가 현자에게 물었다. "이따금 제가 시편을 노래할 때, 빨리 끝내려고 급하게 시편을 노래하곤 합니다. 그 이유는 무엇입니까?" 현자가 대답하였다. "악마의 공격을 받을 때는, 자신이 하느님을 사랑한다는 것을 드러낼 수 있는 좋은 기회입니다. 이런 이유로 우리는 억지로라도 우리 자신을 묶어 두어야 합니다. 그래야만 하느님에 대한 경외와 사랑 안에 굳건히 설 수 있기 때문입니다."

42. 현자는 또 이렇게도 말하였다. "뜨겁게 빛나는 등잔에 파리는 가까이 가지 않습니다. 그러나 그 빛이 그저 따뜻할 뿐이라면, 파리 떼가 몰려드는 법입니다. 마찬가지로 성령의 불로 뜨겁게 타오르는 수도승에게 사탄은 접근하지 못합

니다. 그러나 그가 미지근하다면 사탄은 그를 거세게 공격할 것입니다."

43. 그는 또 말하였다. "원수가 공격해 온다면, 처음에는 그를 피해 달아나십시오. 두 번째도 달아나십시오. 세 번째도 공격해 온다면 이제는 그를 거슬러 칼처럼 일어서십시오. 그리하여 그를 맞서 나아가 쓰러뜨리십시오."

44. 사순 시기에 압바 포이멘이 자신의 생각을 되돌아보며 성찰의 시간을 보내고 있을 때, 한 형제가 그를 찾아왔다. "사실 제가 여기로 오려고 마음먹었을 때, 처음에는 망설였습니다. 사순 시기인지라 혹시나 수도원의 문이 닫혀 있지나 않을까 생각했기 때문입니다." 압바는 대답하였다. "우리는 나무로 된 문이 아니라 혀의 문을 닫는 법을 먼저 배워야 합니다."

45. 한번은 몇몇 형제가 수도승 요한을 찾아 스케티스로 갔다. 마침 요한은 침묵을 지키며 자리에 앉아 주어진 일을 하고 있었다. 요한은 그들에게 인사하고는 아무 말 하지 않고

돌아서서 하던 일을 계속하였다. 그러자 그 형제들이 말하였다. "요한 형제, 누가 형제에게 수도복을 입혀 주었습니까? 어찌하여 형제는 다른 형제들을 환대하는 것을 스승에게서 배우지 않은 것입니까?" 요한이 그들에게 말하였다. "죄인에게는 그런 것들을 즐길 시간이 없습니다." 압바 테오도루스는 말하였다. "그대의 말이 맞습니다. 하느님께서는 탄원하고 참회하는 사람에게는 그런 것들을 요구하지 않으시기 때문입니다."

46. 한 형제가 압바 포이멘에게 청하였다. "스승님, 제가 해야 할 일을 가르쳐 주십시오." 그는 대답하였다. "성경에 이렇게 기록되어 있습니다. '정녕 저는 제 죄악을 고백하며 저의 죄 때문에 괴로워합니다'(시편 38,19)."

47. 한 형제가 현자에게 물었다. "스승님, 제가 무엇을 해야 합니까?" 그는 대답하였다. "가서 그대 스스로를 혹독하게 대하십시오. 칼을 빼어 들고 (영혼의) 전쟁터로 나가십시오." 그 형제가 대답하였다. "그게 쉽지 않습니다." 이에 현자는 대답하였다. "성경에 이렇게 기록되어 있습니다. '불행의

날에 나를 불러라. 나 너를 구하여 주고 너는 나를 공경하리라'(시편 50,15). 그러므로 주님을 부르십시오. 그러면 주님께서 그대를 구원하실 것입니다."

48. 한번은 압바 테오도루스와 압바 오르가 수방 지붕에 진흙을 덧칠하는 일을 하고 있었다. 그때 누군가 이렇게 말하였다. "지금 당장 하느님께서 우리를 찾아오신다면, 우리는 무엇을 해야 할까요?" 이 말에 그들은 서로를 애처로워하며 눈물을 흘렸다. 그러고는 계획했던 일을 다 끝내지는 못하였지만 그 일은 뒤로 남겨 둔 채 각자의 수방으로 돌아갔다.

49. 압바 실바누스가 자신의 수방에서 묵상을 하던 중에 탈혼 상태에 빠지면서 고개를 떨구었다. 많은 시간이 흐른 뒤에 그는 슬피 울면서 깨어났다. 곁에 있던 제자들이 그에게 물었다. "스승님, 왜 그러십니까?" 그러나 그는 눈물만 흘릴 뿐 아무 말도 하지 않았다. 제자들이 끈질기게 물어보자, 마침내 압바 실바누스는 입을 열었다. "나의 제자들이여, 나는 심판의 장소에 인도되었습니다. 그리고 그곳에서 많은 수도승이 심판을 받는 것을 보았습니다. 그리고 또한 많은 평신

도가 하느님 나라에 들어가는 것을 보았습니다."

50. 한번은 압바 모세가 물을 길으러 우물에 갔을 때, 즈카리야 형제가 그곳에서 기도하고 있는 것을 보았다. 그리고 하느님의 영이 그 형제 위에서 평화로이 머물고 계신 것을 보았다.

51. 압바 요한은 나태하고 무익한 생각들이 그의 마음에 들어오는 것을 결코 용납하지 않으며 또한 세속적인 것들을 입에 담지도 않는다는 평판이 있었다. 그래서 몇몇 형제가 그를 시험하기 위해서 물었다. "스승님, 하느님께서 풍부하게 비를 내려 주셔서 야자나무들이 물을 흠뻑 머금고 잘 자라나고 있습니다. 그래서 저희가 많은 수확을 거두었습니다." 그가 형제들에게 대답하였다. "형제들이여, 그것이 바로 하느님의 영입니다. 하느님의 영이 성도들의 마음에 (비처럼) 내릴 때, 그들의 마음이 열리고 그들은 하느님을 경외함으로써 열매를 맺는 것입니다."

52. 한 형제가 현자에게 물었다. "스승님, '내가 감옥에 있을

때에 나를 찾아 주었다'(마태 25,36) 하신 주님의 말씀은 무슨 뜻입니까?" 그는 대답하였다. "물론 주님의 그 말씀은 주님께 참된 이웃이 되어 준 이들을 언급한 것이기는 합니다. 그러나 어떤 수도승이 자신의 수방에 앉아 항상 자신의 생각을 하느님께 향하게 한다면, 그가 머무는 수방은 곧 주님께서 계신 감옥이 되는 것입니다. 바로 그런 사람들을 가리켜 주님께서 '내가 감옥에 있을 때에 나를 찾아 주었다' 하고 말씀하신 것입니다."

53. 한 형제가 압바 베사리온에게 물었다. "제 마음속 생각들이 저를 괴롭힙니다. 제가 어떻게 해야 합니까?" 그는 대답하였다. "침묵을 지키십시오. 그대 자신이 무엇이나 된 듯 대단하다고 여겨서는 안 됩니다. 그대의 마음 안에서 침묵하십시오."

54. 한 형제가 압바 안토니우스에게 물었다. "스스로 하찮게 여긴다는 것은 어떤 의미입니까?" 그는 대답하였다. "스스로를 이성理性이 없는 한 마리 짐승과 같다고 생각하는 것입니다. 그러면 심판받지 않을 것입니다. 사실 이렇게 기록되

어 있습니다. '저는 당신 앞에 한 마리 짐승이었습니다. 그러나 저는 늘 당신과 함께 있었습니다'(시편 73,22-23)."

55. 압바 팜부스가 압바 안토니우스에게 물었다. "수방에 머무는 동안에 무엇을 해야 합니까?" 안토니우스가 대답하였다. "당신의 의로움에 대한 보상을 확신하지 마십시오. 또한 이 세상의 지나갈 것들에 대해서도 생각하지 마십시오. 그리고 그대의 혀와 욕망을 절제하십시오."

56. 한 형제가 현자에게 물었다. "사람들에게서 좋은 평판을 얻는 것이 좋은 일이라고 생각하십니까?" 그는 대답하였다. "어떤 평판들은 덕이 없는 사람에게도 주어질 수 있습니다. 그러니 형제들에게서 좋은 평판을 듣기를 원하지 마십시오. 오히려 그런 평판들을 피하십시오."

57. 한 형제가 현자에게 물었다. "겸손이란 무엇입니까?" 그는 대답하였다. "악을 선으로 되갚는 것, 그것이 최고의 겸손입니다." 그 형제가 다시 물었다. "그것을 제대로 실천할 수 없다면 어떻게 해야 합니까?" 현자는 대답하였다. "그렇다

면 악을 피해 달아나서 침묵 속에 머물러야 합니다."

58. 한 형제가 현자에게 물었다. "수도승이 성장한다는 것은 어떤 것입니까?" 그는 대답하였다. "겸손입니다. 겸손 안에서 자기 자신을 낮추는 사람은 그만큼 성장하는 것이고 동시에 그만큼 하늘나라에 다가가는 것입니다."

59. 한 형제가 현자에게 물었다. "어떻게 해야 영혼이 겸손해질 수 있습니까?" 그는 대답하였다. "항상 자기 자신의 죄를 성찰함으로써 그렇게 될 수 있습니다."

60. 압바 포이멘이 한숨을 내쉬며 말하였다. "모든 덕들이 내 수방 안으로 들어왔지만, 가장 중요한 덕은 아직 들어오지 못했구나." 그러자 형제들이 물었다. "스승님, 그 한 가지 덕은 무엇입니까?" 그는 대답하였다. "항상 자기 자신을 질책하는 것입니다."

61. 한 형제가 현자에게 청하였다. "제가 스승님의 발을 씻어 드릴 자격이 있다고 생각하신다면 제 수방으로 와 주십

시오." 그러나 그는 가지 않았다. 그러자 그 제자는 두 번, 세 번 현자에게 청하였고, 그때마다 현자는 가지 않았다. 마침내 그 제자는 자신의 수방을 나와 현자를 찾아가 뉘우치며 말하였다. "저의 수방에 와 주십시오." 그러자 현자는 일어나 그와 함께 갔다. 그가 현자에게 물었다. "제가 이전에도 여러 번 청했었는데, 그때에는 어찌하여 오지 않으셨습니까?" 현자는 대답하였다. "그때에는 그저 말로만 청했기 때문에 내 마음을 움직이지 못했던 것입니다. 그러나 지금은 그대 안에 있는 겸손한 수도승의 모습을 보았기 때문에, 기쁘게 그대에게 갈 수 있는 것입니다."

62. 한 현자가 말하였다. "자신이 배우지 않은 것을 그리고 자신이 실천하지 않은 것을 어떻게 이웃에게 가르칠 수 있단 말입니까? 그러므로 겸손해지십시오. 그러고 나서 배우십시오."

63. 한 현자가 말하였다. "수도승의 덕이란 모든 상황에서 자기 자신의 결점을 질책하는 것입니다."

64. 한 현자가 말하였다. "사람은 자신의 생각들이 마음 밖에 있을 때에는 그것들을 볼 수 없고, 오직 마음 안으로 들어왔을 때에야 그것들을 볼 수 있습니다. 그리고 만일 그가 맞서 싸울 준비가 되어 있다면, 마음 안에 들어와 볼 수 있게 된 그 생각들을 내쫓을 것입니다."

65. 한 현자가 말하였다. "수도승이 해야 할 일은 자신의 생각들을 한 걸음 떨어져서 지켜보는 것입니다."

66. 한 현자가 말하였다. "예측할 수 없는 상황들은 우리가 선을 향해 나아가는 것을 용납하지 않습니다."

67. 한 현자가 말하였다. "스스로 자기 자신을 평가하지 말고, 고결하고 올바른 삶을 사는 사람에게 자신을 비추어 평가하십시오."

68. 한 현자가 말하였다. "끊어 버리지 않은 모든 올가미는 결국에는 그 사람을 옭아매고 말 것입니다."

69. 한 현자가 말하였다. "침묵 속에 머무는 사람은 어떠한 역경이라도 이겨 낼 수 있습니다."

70. 한 현자가 말하였다. "주님께서는 모든 육체적 쾌락을 혐오하십니다."

71. 한 현자가 말하였다. "육체적인 만족을 추구하려는 생각이 마음 안에서 생겨나서 두 번이고 세 번이고 계속해서 그대를 유혹하더라도 주의를 기울이지 마십시오."

72. 한 현자가 말하였다. "'오직 하느님과 나 자신만 이 세상에 존재한다'고 자신의 마음속으로 되뇌지 않는 사람에게는 평화가 깃들지 않을 것입니다."

73. 한 현자가 말하였다. "침묵은 여행입니다."

74. 한 현자가 말하였다. "사람들의 요구에 맞추려는 마음과 자기 자신의 욕구를 충족시키려는 마음을 줄여 가는 사람은 평화를 누릴 것입니다."

75. 한 현자가 말하였다. "수도승은 모든 일에 대해서 강인한 마음을 지녀야 합니다. 그래야만 안전할 것입니다."

76. 한 현자가 말하였다. "만일 그대가 무엇인가를 보거나 듣게 되더라도, 그것을 그대의 이웃에게 전하지 마십시오. 그것이 싸움의 불씨가 되기 때문입니다."

77. 한 현자가 말하였다. "이기심과 게으름, 이 두 가지에 길들수록 인간은 타락하게 됩니다."

78. 한 현자가 말하였다. "평정심과 침묵 그리고 남의 눈에 띄지 않는 묵상은 거룩함에 이르는 길입니다."

79. 한 현자가 말하였다. "분수에 넘치는 모든 것은 전부 사탄이 꾸미는 짓입니다."

80. 한 현자가 말하였다. "타인에게는 좋은 인상을 심어 주면서도 내적으로는 추한 모습을 지니고 있다면 그것이 무슨 소용이 있겠습니까?"

81. 한 현자가 말하였다. "모든 사람이 지니고 있는 이기적인 마음은 그 자신을 하느님으로부터 단절시키는 청동벽이나 바위와 같습니다. 그러므로 이기심을 극복하는 사람이라야, '하느님의 도우심으로 성벽을 뛰어넘습니다'(시편 18,30)라고 진실된 기도를 바칠 수 있습니다."

82. 한 현자가 말하였다. "우리는 곧고 환히 밝은 길을 버려두고, 가시덤불이 우거진 어두운 길을 따라 걷는 잘못을 범하고 있습니다. 우리 자신과 우리의 죄 때문에 울지 않고, 오히려 이웃이 범하는 잘못만을 뚫어지게 바라보고 있기에 그렇습니다."

83. 한 현자가 말하였다. "다른 누군가를 비판하는 사람은 수도승이라 불릴 자격이 없습니다. 악을 악으로 갚는 사람도 그리고 탐욕스럽고 교만하며 수다스러운 사람도 수도승이라 불릴 자격이 없습니다. 반면에 겸손하고 침묵을 지키며 자애심이 가득하고 마음에 언제나 하느님을 두려워하는 경외심을 지니고 있는 사람은 진정한 수도승이라 불릴 것입니다."

84. 한 현자가 말하였다. "곁에 있는 형제를 업신여기지 마십시오. 하느님의 영이 그대 안에 머무시는지 아니면 그 형제 안에 머무시는지 당신은 알지 못하기 때문입니다."

85. 한 현자가 말하였다. "겸손과 하느님을 경외함은 모든 덕 가운데 가장 뛰어난 덕입니다."

86. 한 현자가 말하였다. "만일 어떤 수도승이 자신에게 잘못한 형제와 싸우고자 한다면, 그것은 그 형제와 싸우는 것이 아니라 사탄의 계략에 말려드는 것이 됩니다."

87. 한 현자가 말하였다. "생각이건 실천이건 처음에는 보잘것없던 것이 크게 성장할 것인가의 여부는, 어떤 결심을 하느냐에 달려 있습니다."

88. 한 현자가 말하였다. "겸손은 만찬상이 아닙니다. 그러나 모든 만찬상에 결코 빠져서는 안 되는 소금과 같습니다."

89. 한 현자가 말하였다. "겸손해지는 것과 모욕 속에서도

평정심을 잃지 않는 것, 이 두 가지는 수도승에게 튼튼한 벽과 같습니다."

90. 한 현자가 말하였다. "어떤 사람이 집을 짓고자 한다면, 공사를 시작하기에 앞서 먼저 공사에 필요한 많은 자재를 마련해야 합니다. 마찬가지로 수도승에게도 하느님의 일을 완수하기 위해서는 여러 세심한 준비가 필요합니다."

91. 한 현자가 말하였다. "다른 사람을 업신여기지 않는 것보다 더 큰 덕은 없습니다."

92. 한 현자가 말하였다. "수고를 견디어 내고 그것에 감사하는 사람은 복됩니다."

93. 한 현자가 말하였다. "모든 일에서 각 사람에게 최선을 다하는 것은 하느님께 이르는 길이며 수도승의 책무이기도 합니다."

94. 한 현자가 말하였다. "하느님을 위하여 언제나 자신의

모든 것을 바치는 사람은 신앙을 고백하는 사람과도 같습니다."

95. 한 현자가 말하였다. "매 순간 죽음을 묵상하며 사는 사람은 영혼이 더럽혀지는 일이 없습니다."

96. 한 현자가 말하였다. "말(言)의 노예가 되지 말고 자유인이 되십시오."

97. 한 현자가 말하였다. "자신의 입을 잘 다스리지 못하는 사람은 단 하나의 덕행도 실천할 수 없습니다. 첫 번째 덕이 바로 입을 잘 다스리는 것이기 때문입니다."

98. 한 현자가 말하였다. "나에게는 세 가지 두려움이 있습니다. 첫째는 내 영혼이 육신을 떠나야 한다는 것이고, 둘째는 내가 하느님 면전에 서게 된다는 것이며, 셋째는 나를 심판하는 판결이 선포되리라는 것입니다."

99. 한 현자가 말하였다. "어느 곳에 가든지 그대가 우선적

으로 생각하고 배려해야 할 사람들은, 스스로 만족할 만큼 넉넉히 가지고 있는 사람들이 아니라 그런 것들을 가지고 있지 못한 이들, 그리하여 빵도 평화도 누리지 못하는 이들입니다."

100. 한 현자가 말하였다. "만일 그대가 욕정을 품고 있으면서도, 그 욕정은 제쳐 둔 채 하느님께 다른 청원기도만 바친다면, 그대는 응답을 받지 못할 것입니다. 무엇보다 먼저 하느님께 청해야 할 것은, 그대의 욕정에 맞서 싸워 주시기를 기도하는 것입니다. 그렇게 욕정을 몰아낸 이후에 하느님 대전에 나아가 다른 청원을 말씀드려야 합니다."

101. 한 현자가 말하였다. "하느님을 경외함, 항구한 기도 그리고 이웃에게 선을 베푸는 것, 이 세 가지가 가장 중요합니다."

102. 한 현자가 말하였다. "안에서 밖으로 뻗어지는 숨, 그것이 없다면 사람이 살 수 없듯이, 사람은 자신의 내면에 하느님을 경외하는 마음과 겸손을 품고 있어야 살 수 있습니다."

103. 한 현자가 말하였다. "어떤 일을 시작했다 하더라도 그 일을 끝내지 않는다면, 시작한 그 일이 무슨 소용이 있겠습니까? 시작했으나 끝내지 못한다면 아무 소용이 없습니다."

104. 한 현자가 말하였다. "그대의 마음에 기쁨을 선물하는 사람이 아니라면, 그대의 속마음을 그와 나누지 마십시오."

105. 한 현자가 말하였다. "마음을 굳건하게 하십시오. 그러면 누구에게도 잘못을 범하지 않을 것이며, 도리어 모든 이를 위해 그대의 마음을 정결하게 할 수 있을 것입니다."

106. 한 형제가 현자에게 물었다. "다른 형제들이 죄짓는 것을 보게 된다면, 제가 어떻게 해야 합니까?" 그는 대답하였다. "만일 그들이 그대보다 연장자이거나 또는 동년배라면, 그들에게 비난이나 비판이 아닌 겸손된 충고를 해 주십시오. 그렇게 함으로써 그대는 겸손을 얻을 수 있을 것입니다."

107. 한 형제가 현자에게 물었다. "저와 함께 사는 형제들이 저에게 자신들의 스승이 되어 달라고 청했습니다. 제가 해

이집트 교부들의 금언집

야 할 일에 관하여 조언해 주십시오." 그는 대답하였다. "가장 먼저 할 일은, 그대가 가르치는 것을 그대가 먼저 실천하는 것입니다. 그들에게 조언자가 되는 것에 만족하지 말고 그들의 모범이 되십시오."

108. 그들은 최고 연장자인 압바 마카리우스에 관하여 이렇게 말하곤 하였다. "하느님께서는 온 세상을 품고 계시면서 사람들의 죄를 참아 주고 계십니다. 마찬가지로 압바 마카리우스도 모든 형제에게 하느님처럼 다가가시며, 그가 보고 들은 형제들의 죄를 마치 보지도 듣지도 못한 것처럼 그렇게 비밀로 해 주십니다."

109. 압바 모세가 압바 실바누스에게 물었다. "사람이 매일 매일을 새롭게 시작할 수 있습니까?" 실바누스는 대답하였다. "만일 그가 일꾼이라면, 그렇게 할 수 있습니다. 모든 덕행으로부터 사소한 것이라도 배우려고 노력하는 것은 모든 이에게 요구되는 것입니다. 매일 자리에서 일어나면서 하느님의 계명 안에서 덕행으로 하루를 시작하십시오. 또한 크나큰 인내심과 참을성을 지니고 하느님 사랑과 하느님을 경

외함 안에서 시작하십시오. 영혼과 육체의 겸손과 항구한 인내심으로 시작하십시오. 수방의 시련과 묵상 그리고 기도와 탄원으로 시작하십시오. 마음과 눈의 정결함과 혀를 잘 다스림 그리고 육체적 욕망과 세속적인 것들을 물리침으로 시작하십시오. 십자가의 고난을 달게 받음과 영혼의 시련과 청빈으로 시작하십시오. 절제와 반목의 영적인 전쟁 안에서 참회와 비통으로 시작하십시오. 영혼의 단순함과 침묵 그리고 단식과 철야기도로 시작하십시오. 또한 '우리 손으로 애써 일합니다'(1코린 4,12)라는 바오로 사도의 가르침처럼 노동으로 시작하십시오. '굶주림과 목마름, 추위와 헐벗음, 수고와 고생, 가난과 궁핍과 박해'(2코린 11,27 참조) 속에서, '구덩이와 동굴과 땅굴'(히브 11,38 참조)에서 시작하십시오. 그리하여 '말씀을 그저 듣기만 하는 사람이 아니라 말씀을 실행하는 사람'(야고 1,22 참조)이 되어, '그대가 가진 탈렌트로 두 배의 수확'(마태 25,14-30 참조)을 얻으며, '혼인 예복을 입고'(마태 22,11-14 참조) 잔치에 참석하듯이 '모래 위가 아니라 반석 위에 집을 짓는'(마태 7,24-25 참조) 사람이 되십시오.

    자선과 신앙이 그대의 곁을 떠나지 않게 하십시오. 또한 죽음이 그대 곁에 서 있음을 항상 묵상하십시오. 그리하여 이미 무덤에 묻혔기에 더 이상 이 세상의 것들에 신경을 쓸 필요가 없이 된 것처럼 살아가십시오. 음식을 절제함과 겸손함과 비통이 그대 곁을 떠나지 않게 하십시오. 그리고 주님을 경외하는 마음을 매 순간 그대의 마음 안에 불러일으키십시오. 성경에 이렇게 기록되어 있습니다. '오 주님, 당신을 경외함으로 저희가 임신하여 고통으로 몸부림쳤으며, 구원의 영을 출산하였나이다'(이사 26,18 참조). 이 모든 것을 꾸준히 실천하십시오. 그리고 다른 덕행을 행할 때에도 잊지 마십시오. 스스로가 대단하다고 생각하는 교만에 빠지지 마십시오. 오히려 모든 피조물 가운데 가장 낮은 존재, 모든 사람 가운데 가장 비천한 존재라고 생각할 것이며, 가장 큰 죄인이라고 생각하십시오. 분별력을 기르며 자기 자신은 늘 꾸짖되, 이웃을 심판하지는 마십시오. 또한 죄인을 멸시하지 말며, 자신의 죄 때문에 좌절하지 마십시오. 타인의 행동으로 말미암아 그대의 평정심을 잃지도 마십시오. 분노에 기울지 않는 온유한 마음을 지니십시오. 누군가를 향한 악한 생각이나 원한을 마음에 품지 말고, 이유 없이 싸움을 거는 사람을 증오하지 마십시오. 그가 적개심을 품었다고 해서 분노하지 말고, 그가 가난하다거나 고생스런 일을 하는 사람이라고 해서 그를 경멸하지 마십시오. 악을 악으로 갚지 마십시오. 오히려 모든 이와 평화롭게 지내십시오. 이것이 하느님의 평화를 이루는 길입니다. 나쁜 짓을 일삼는 자를 신뢰하지 말고, 이웃에게 악행을 하는 이들과 함께 기뻐하지 마십시오. 남을 비판하지 마십시오. 하느님께서는 모든 것을 알고 계시며 모든 사람을 보고 계시기 때문입니다. 이웃을 비방하는 사람을 믿지 말고 그의 거짓된 말에 동조하지 마십시오. 그가 죄를 지었더라도 그를 미워하지 마십시오. 성경에도 이렇게 쓰여 있습니다. '남을 심판하지 마라. 그래야 너희도 심판받지 않는다'(마태 7,1). 죄인을 멸시하지 말고 도리어 하느님께서 그에게 참회와 회개를 허락하시도록 그를 위해 주님의 자비를 간청하십시오. 하느님께서는 권능을 쥐고 계시기 때문입니다. 그리고 누군가 악행을 저질렀다는 소식을 듣게 되거든, 이렇게 말하십시오. '나에게 그들을 심판할 자격이 있는가? 나 역시 한 인간이고 한 죄인일 뿐이다. 죽음이 내 죄 밑에 도사리고 있으며, 나는 나의 비통한 처지에 통곡하고 있다. 이미 망자가 된 사람에게는 남을 신경 쓸 이유가 없기 때문이다.' 그러므로 위에서 언급한 것들을 늘 기억하고 실천하는 사람은, 우리 주 예수 그리스도의 자비와 권능 안에서 모든 정의로움을 실천하는 일꾼이 될 것입니다."

해제

1. 브라가의 마르티누스의 생애

마르티누스는 510~520년경 오늘날 헝가리의 서부 지역인 판노니아Pannonia[1]의 고위 관리 가정에서 출생하여, 엘리트 교육을 받으며 자랐다. 그는 오랫동안 동방, 특히 팔레스티나에서 머물며, 그리스어와 라틴어에 대한 깊은 지식을 쌓았다. 그러던 중 하느님의 부르심을 받아 사제가 된다.[2] 팔레스티나에 머무르는 동안 스페인에서 온 순례자들을 만났는데, 그들로부터 스페인 땅에서 이교인과 아리우스주의자들을 개종시킬 필요성에 관한 이야기를 듣게 된다. 그 길로 마르티누스는 바다를 건너 550년경 스페인의 갈라이키아Gallaecia에 도착하였다.[3] 그곳에서 그는 스페인으로 이주한 게르만족인 수에브족Suevi을 만나게 된다. 이 부족의 많은 사람은 이교인이었고 다른 사람들은 아리우스주의Arianismus[4]를 신봉하고 있었다. 그런데 마르티누스가 갈라이키아에 도착했을 때, 그 지역의 수도인 오렌세Orense에 투르의 마르티누스Martinus Turonensis(316/317경~397) 성인의 유해가 이전된다. 그때 수에브족 왕의 병약한 아들 카라리크Carraric의 병이 낫게 되고, 이 사건 이후 왕을 비롯한 수에브족들은 아리우스주의를 배척하고 정통 신앙을 받아들이게 된다.[5] 마르티누스의 선교 중심지는 브라가Braga 근처의 두미오 Dumio였다. 그곳에 그는 수도원을 설립하고 대수도원장이 된 이후, 556년 두미오의 주교로 서품된다.[6] 마르티누스는 561년 영지주의에 근원을 두고 마니교에서 파생된 프리스킬리아누스주의Priscillianismus[7]에 대항하기 위해 개최된 제1차 브라가 공의회에 참석하여 이 문제를 해결하는 데 앞장선다. 572년 마르티누스는 브라가의 대주교로서 제2차 브라가 공의회를 개최하여 그리스도인의 삶 속에 침투한 이교인적 요소들의 문제를 제기하고 교회의 가르침과 권위를 다시 한번 확인했다.[8] 마르티누스가 보여 준 사목적 토대는 두미오 수도원의 수도생활에서 기인한 것이었다. 그래서 주교의 직분이었음에도 그의 생활은 지극히 엄격하여 은수자들과 다를 바 없었다. 선교사의 직무 외에도 그는 많은 저술로도 교회에 기여하였다. 마르티누스는 브라가에서 주교로서의 직무를 다한 후 579년 하느님의 품으로 돌아갔다.

2. 『교만』

'자부심'이라는 뜻을 지닌 영어 단어 'Pride'는 '양날의 칼'과 같이 '교만'이라는 뜻도 함께 지니고 있다. 곧, 남들보다 뛰어나고 잘할 수 있다고 자부하다가 자칫 교만이라는 늪에 쉽게 빠질 수 있는 위험성을 동시에 안고 있음을 우리에게 알려 준다. 마르티누스도 이러한 위험성을 잘 알고 있었다. 그래서 현세에서 많은 것을 가져 누리고 있었기 때문에 누구보다 교만의 유혹에 쉽게 빠질 수 있었던 위대한 예언자 다윗을 통해, 어떻게 우리가 이 유혹에서 벗어나 하느님의 선택받은 백성으로서 본분을 지키며 하느님을 찬미하며 살아갈 수 있었는지를 『교만』이라는 작품을 통해서 보여 준다.

    교만이라는 주제는 구약성경에서, 인간의 주제넘음과 자찬에 대하여 경고하는 구절들을 통해 살펴볼 수 있다. 그래서 마르티누스도 구약성경의 내용들을 인용하며 교만한 인간은 하느님을 무시하고, 세상의 향락과 쾌락을 좇으며, 하느님의 영광을 자신에게 돌리기 때문에 교만은 죄의 뿌리이자 근본임을 밝히고 있다. 교만은 또한 자기 처지 이상으로 높이 오르려는 오만이기도 하다. 그래서 교만 중에서 가장

해제

사악한 것은 자신이 하느님과 동등하거나 능가한다고 생각하여 하느님의 권위를 부정하는 것이다.[9] 그래서 마르티누스는 하느님의 첫 번째 천사였던 루치페르의 예를 들며, 그가 교만 때문에 어떻게 몰락하게 되었는지, 교만의 대가와 폐해가 무엇인지를 우리에게 잘 보여 주고 있다. 이를 통해 우리에게 교만의 폐해에 대한 경각심을 불러일으키고, 어떻게 교만의 유혹에서 벗어날 수 있는지 그 방법들도 이 작품을 통해 우리에게 잘 제시해 주고 있다.

3. 『겸손 권면』

말(言)은 교류의 수단이다. 뜻을 전달하는 것 이상의 힘을 가지고 있다. 그래서 한마디 말 때문에 사람들은 웃기도 하고 울기도 한다. 때론 행복해지기도 하고, 섭섭해지기도 한다. 어떨 땐 화도 나고, 어떨 땐 용기를 얻기도 한다. 이처럼 말의 힘은 대단하다. 그런데 말의 힘을 악용하여 아첨과 같은 재주를 부리게 되면, 서로 간의 교류는 왜곡되고 상대는 거짓으로 물들게 된다. 그래서 진실한 말이 얼마나 가치 있고 소중한 것인지 깨달을 수 있다.

마르티누스도 『겸손 권면』을 통해 말의 힘에 주목한다. 그래서 당장은 단맛을 주는 아첨과 같은 말재주에 현혹되지 말고, 입에는 쓰지만 건강에는 좋은 진실된 이야기만을 나눌 것을 강력히 권고한다. 그리고 아첨과 같은 말의 진구렁에 빠지지 않기 위해서는 겸손을 통해 끊임없이 자신을 돌아보기를 당부한다. '겸손'이라는 말마디는 라틴어 'Humilitas'를 번역한 것으로 '대지Humus에 가까워서 비천하다'는 뜻을 지닌다. 곧, 인간이 두 발을 딛고 사는 땅인 대지는 낮기 때문에 모든 것을 다 받아들여서 생명을 베풀어 준다는 의미다.[10] 이처럼 겸손은 인간이 자기 스스로를 올바로 알아서 하느님 앞에서 자신을 낮추는 것이다. 겸손이 하느님을 따르게 하는 인간의 기본적인 덕목이라면, 교만은 하느님을 거스르게 하는 가장 근원적인 악이다. 그런데 겸손과 교만은 '마음의 시소'를 타는 것과 같아서, 겸손을 드러내다가 그 자체가 교만이 되어 버릴 수 있다. 그래서 그 경계를 넘지 않도록 주의해야 한다. 마르티누스도 이러한 위험성을 알고 『겸손 권면』를 통해 "낮아지는 것은 높아지는 것"임을 강조하며, 끊임없이 겸손을 통해 선을 지향하고 그것을 열망하며 살아가기를 바라고 있다.

4. 「분노」

칠죄종七罪宗[11] 가운데 하나인 '분노'는 타인을 벌하고자 하는 무질서로서, 싫어하는 감정과 욕구를 무절제하게 터뜨리는 것이다. 분노가 악이 아니라 중립적인 것이 될 수도 있다. 올바른 이성에 따라 다른 사람의 잘못을 깨닫도록 하려는 정의의 실천을 위한 격정激情인 경우에 그렇다. 하지만 합법적인 질서를 따르지 않고 자신의 권위를 이용한다거나, 정당한 목적이 아니라 증오심이나 복수심에서 비롯되는 분노는 악으로 귀결된다. 또한 내적으로나 외적으로 과도하게 표현될 때에도 악으로 귀결된다.[12]

마르티누스는 이러한 '분노'를 '급작스럽게 표출되는 광기狂氣'라고 보았다. 분노로 인하여 사람은 자기 자신을 통제할 수 있는 힘을 잃기 때문이다. 창세기의 카인과 아벨의 이야기(창세 4,8-12 참조)는 원죄의 결과인 분노에 사로잡힌 인간이 얼마나 폭력적으로 돌변할 수 있는가를 보여 준다. 분노의 결과로 인간은 인간의 원수가 되었다. 하느님께서도 형제 살해의 악랄함을 이렇게 지적하셨다.[13] "네가 무슨 짓을 저질렀느냐? 들어 보아라. 네 아우의 피가 땅바닥에서 나에게 울부짖고 있다. 이제 너는 저주를 받아, 입을 벌려 네 손에서 네 아우의 피를 받아 낸 그 땅에서 쫓겨날 것이다"(창세 4,10-11).

분노에 사로잡힌 사람은 겉모습에서부터 구별된다. 안색이 변하거나 목소리가 떨리기도 하고 호흡이 불규칙해지기도 한다. 그러나 많은 경우 자신의 추한 모습을 분간하지 못한 채 감정의 소용돌이에 자신을 맡겨 버림으로써 또 다른 죄악으로 넘어가게 된다. 이처럼 분노는 다른 죄악을 잉태하는 씨앗이 되는 것이다. 마르티누스는 이 점에 주목하였다. 그리하여 분노를 진정시키는 방법에 대하여 고찰한 것이다.

분노를 진정시키는 데 주의해야 할 점은 악을 악으로 되갚는 것이다. 사실 인간은 악을 악으로 갚는 유혹에 빠지기 쉽다. 때때로 자신에게 잘못한 사람의 죄를 바로잡는다는 허울 아래 분노로 되갚기 때문이다. 그러면서 자기합리화에 빠져 분노한 자신을 보지 못하게 된다. 따라서 누군가에게 분노하고 있다면, 우선 상대방의 처지에서 생각하는 자세가 필요하다. 우리가 분노하는 이유가 잘못된 판단에서 비롯되었을 수도 있기 때문이다. 분노는 복수하고자 하는

해제

욕망이다. 만일 분노로 인해 상대방이 어떤 화를 입게 되기를 바란다면 그것은 사랑의 계명을 어기는 것이므로 중죄에 해당한다.[14] 그래서 주님께서도 "자기 형제에게 성을 내는 자는 누구나 재판에 넘겨질 것"(마태 5,22)이라고 하셨다. 분노는 반드시 치유되어야 할 '영혼의 질병'이다. 그리고 분노를 치유할 수 있는 약은 겸손이다. 타인에게서 발견할 수 있는 것은, 그것이 선한 것이건 악한 것이건, 자신에게서도 발견할 수 있음을 잊지 말아야 한다. 그럴 때 겸손에 이를 수 있다. 그리고 그래야만 그를 위해서 기도할 수 있다. 주님께서도 말씀하셨다. "나는 너희에게 말한다. 너희는 원수를 사랑하여라. 그리고 너희를 박해하는 자들을 위하여 기도하여라. 그래야 너희가 하늘에 계신 너희 아버지의 자녀가 될 수 있다"(마태 5,44-45).

5. 『진실한 삶의 방식』

그리스도교적 관점에서 보는 완덕完德은 이상적인 그리스도인 생활의 최종 목표이며, 개인의 수행과 하느님 은총으로 성취된다. 그것은 다름 아닌 성인聖人이 되는 것이다.[15] 예수님께서는 "하늘의 너희 아버지께서 완전하신 것처럼 너희도 완전한 사람이 되어야 한다"(마태 5,48) 하셨고, 바오로 사도도 "우리가 모두 하느님의 아드님에 대한 믿음과 지식에서 일치를 이루고 성숙한 사람이 되며 그리스도의 충만한 경지에 다다를 수 있어야 한다"(에페 4,13 참조)고 권고하였다. 제2차 바티칸 공의회도 모든 그리스도인들이 성덕으로 불림을 받았다[16]고 밝히고 있다.

마르티누스는 완덕에 이르는 방법, 곧 성인이 되기 위한 방법으로 네 가지 덕목을 제시한다. 신중함prudentia, 관대함 magnanimitas, 절제continentia 그리고 정의iustitia가 그것이다. 마르티누스가 말하는 '신중함'이란, 눈에 보이는 것이 아니라 보이지 않는 것들을 보기 위하여 잠시 판단을 멈추는 것을 의미한다. 이 세상의 것들은 유한하며 가변적이다. 그래서 겉으로는 좋아 보이지만, 실제로는 그렇지 않은 것이 있을 수 있다. 사람의 마음도 가변적이어서 어제 좋게 느끼던 것들을 오늘은 나쁘게 느낄 수도 있다. 따라서 무한하며 불변하는 진리에 기준을 두고 현세의 것들을 바라보고자 노력해야 한다. 눈으로 볼 수 없는 것들을 보게 되는 최종 목적지에 다다르기 위한 여러 가지 방법들을 검토하면서, 그 방법들 가운데에서 행할 것과 행하지 말아야 할 것을 판단하기 위한 숙고의 과정을 거칠 때,[17] 우리는 신중함의 덕을 쌓아 갈 수 있다.

마르티누스가 말하는 '관대함'이란 용서할 수 있는 용기라고 말할 수 있다. 주님께서도 "일곱 번이 아니라 일흔일곱 번까지라도 용서해야 한다"(마태 18,22)고 말씀하셨고, 순교자 스테파노도 자신에게 돌을 던지는 이들을 위해서 "주님, 이 죄를 저 사람들에게 돌리지 마십시오."(사도 7,60)라고 기도했다. 또한 관대함은 인간존재 자체에 근원을 두고 있다. 타인의 견해나 확신에 동의하지는 않지만 그것들을 나름대로 인정하는 태도이기 때문이다. 따라서 관대함은 무관심과는 구별된다.[18]

'절제'란, 올바른 이성에 따라 감정과 욕정 그리고 자신의 행위를 조절하는 덕을 말한다. 음식이나 욕망, 쾌락의 유혹들을 적절하게 조절하거나 억제하고, 나아가 창조된 재물을 사용하는 데에도 균형을 유지함으로써 완덕의 길로 이끄는 덕이다.[19] 여기에 덧붙여 마르티누스는 말을 할 때에도 절제의 덕이 필요하다고 강조한다. 성경도 절제의 덕을 자주 칭송한다. "네 욕망을 따르지 말고 욕심을 절제하여라"(집회 18,30), "분노에 더딘 이는 용사보다 낫고, 자신을 다스리는 이는 성을 정복한 자보다 낫다"(잠언 16,32), "너 자신과 네 힘을 붙좇지 말고 마음의 욕망을 따르지 마라"(집회 5,2). 바오로 사도도 의로움과 다가오는 심판과 절제를 그리스도인이 꼭 알아야 하는 것이라고 가르쳤다(사도 24,24-25 참조). 따라서 자신의 욕망과 본능을 극기로써 제어한다면, 인간은 행위의 균형을 유지함으로써 완덕으로 나아갈 수 있는 것이다.

마르티누스가 말하는 '정의'란, 하느님을 올바로 경외하는 것이다. 곧, 하느님께서 창조를 통하여 인간 본성 안에 심어 두신 '하느님의 질서' 또는 '신법'神法에 따라 판단하고 행동하는 것을 말한다. 인간은 하느님의 모상(창세 1,27 참조)이기 때문이다. 하느님의 정의는, 하느님이 완전무결하고 오류가 없으신 분이라는 사실에 토대를 두고 있다. 하느님의 정의는 심판하는 활동 속에 나타나며, 각자의 행위에 따라 갚아 주는 활동 속에 나타난다. 그러므로 하느님의 모상인 인간도 정의를 실천하는데, 우주를 통치하고 피조물을 은혜로 채우시는 하느님의 배려를 반영함으로써 결실을 맺어야 하는 것이다. 하느님의 정의는 하느님의 자비와 일치

하기 때문이다.[20]

6. 『허영심을 몰아냄』

사람 인人 자가 말해 주듯, 인간은 기대어 살아갈 수밖에 없는 본성을 지닌 존재자다. 하지만 이 본성을 비웃기라도 하듯, 인간은 무소의 뿔처럼 혼자서 우뚝 서고 싶어 한다. 이처럼 타인으로부터 좋은 평가를 받고 싶은 욕망은 인간의 기본 심성 중 하나다. 마르티누스는 인간의 나약함과 양면성에서 비롯되는 악행인 '허영심'의 폐해에 대해서 경고한다. 인간이 칭찬을 받고 인정을 받고자 하는 열망은 자기계발과 발전을 위해서는 좋은 동력원이 될 수 있다. 하지만 이 허영심은 결과적으로 이웃과, 더 나아가 하느님을 능가하려는 경향으로 발전하게 되어 갈등과 불화, 전쟁과 분열의 원인이 되기도 한다.

  허영심은 또한 교만과 짝을 이룬다. 하느님처럼 지혜롭게 되고 싶어 선악과를 따 먹은 인류의 선조와, 하늘에 닿고자 바벨탑을 쌓았던 인간의 교만 속에는 이미 하느님처럼 영광을 받겠다는 허영심이 숨어 있음을 엿볼 수 있기 때문이다. 성경은 "너희는 사람들에게 보이려고 그들 앞에서 의로운 일을 하지 않도록 조심하여라. 그러지 않으면 하늘에 계신 너희 아버지에게서 상을 받지 못한다"(마태 6,1), "무슨 일이든 이기심이나 허영심으로 하지 마십시오. 오히려 겸손한 마음으로 서로 남을 자기보다 낫게 여기십시오"(필리 2,3)라는 말씀으로 허영심의 위험성을 경고하고 있다. 이처럼 우리의 삶에 악영향을 미치는 허영심을 몰아내기 위해서는, 마르티누스 주교의 조언에 귀를 기울여야 한다. 마음을 늘 거울처럼 하여, 우리가 창조주 하느님의 피조물이라는 사실을 잊지 말고 하느님을 경외하는 마음과 인내와 겸손으로 자신을 무장하여 지상 순례의 여정을 걸어가야 한다. 그러다 보면 허영심의 유혹에서 벗어나 하늘나라의 삶을 살아갈 수 있을 것이다.

7. 『농부들을 위한 계도』

아스토르가의 폴레미우스Polemius Asturicensis 주교는 제2차 브라가 교회회의에 참석했던 주교들 가운데 한 명이다. 그는 교회회의를 마치고 돌아온 뒤, 이교 신들을 섬기고 우상을 숭배하는 농부들이 죄악에 빠지지 않도록 마르티누스 주교에게 그 방법을 논하는 편지를 보낸다. 마르티누스 주교는 편지에 담긴 설교 형식의 논문으로 폴레미우스 주교에게 답신을 보낸다. 오늘날, 이 편지는 6세기 스페인에 퍼져 있던 대중적인 미신에 대한 통찰력과 독창적인 해설 때문에 마르티누스 주교의 저작 가운데 가장 유명한 작품으로 손꼽힌다. 편지의 내용을 잠시 살펴보면, 창조에서 현재까지의 세계사의 흐름과 사탄의 기원, 최후의 심판에 대한 가르침, 선을 통한 영원한 행복, 사악한 자들이 받을 심판에 관한 개요와 지침을 담고 있다. 그리고 세례 때 악마를 포기하겠다는 서약과 그리스 신들의 본질 같은 주제도 함께 다루고 있다.

농부들을 계도하기 위해 쓰인 편지이기에 마르티누스 주교는 철저히 농부들의 언어로 이야기하기를 권고한다. 그래서 이 편지에 쓰인 라틴어는 농부들이 일상에서 쓰는 비속어가 많이 사용되었고, 정확하지 않은 시제와 문법에 맞지 않은 낱말들을 사용하는 등 의도적으로 정확하지 않은 라틴어를 사용하고 있음을 엿볼 수 있다.[21]

이 편지의 내용 가운데 그리스 로마 신화에 등장하는 여러 신들의 기원을 엿볼 수 있다. 이 내용을 토대로, 우리는

'왜 예수가 카이사리아 필리피 지방에서 베드로라는 반석 위에 교회를 세우고 하늘나라의 열쇠를 주었는지'를 유추해 볼 수 있다. 카이사리아 필리피 지방은 웅대한 암벽과 동굴 안에서 흘러나오는 지하수로 널리 알려진 곳이다. 예수 이전 시대부터 헬레니즘 문화의 영향을 받은 많은 이교인들이 살고 있었고, 이교인의 생활양식이 깊게 뿌리내린 도시였다. 그래서 천연 암벽 동굴에 '판'Pan(헤르메스신의 아들로서 목양신)의 신상이 세워진 신전이 있을 정도로 대표적인 이교의 신들이 모여 있는 곳이었다.[22] "눈에 보이는 것들이 하도 아름다워 그 겉모양에 정신을 빼앗기고 마는 것이다"(지혜 13,6)라는 말처럼, 이교인들이 숭배하던 신과 장소는 자연 속에서 역사하는 힘과 능력을 형체화한 것들이었기 때문에 많은 사람들의 마음을 앗아 갈 수밖에 없었다.[23] 이곳에서 예수는 베드로에게 묻는다. "너희는 나를 누구라고 하느냐?"(마태 16,15). 이 물음에 베드로는 "주님께서는 살아 계신 하느님의 아들 그리스도이십니다"(마태 16,16)라고 대답한다. 베드로의 이 대답은 이교의 여러 잡신들의 위상을 한방에 무너뜨리는 핵심적인 말이었다. 이교인들이 숭배하는 잡신들이 들끓는 그곳에서, 비교할 수 없는 예수의 존엄함과 신

해제

분을 드러냄으로써 그 잡신들을 예수의 발밑으로 꿇어앉힌 중대하고도 위대한 사건이기 때문이다. 그래서 예수는 베드로의 이 신앙고백을 듣고 잡신들의 신전 위에 베드로라는 반석을 깔아 교회를 세우고, 하늘나라의 열쇠를 주겠다고 약속했음을 유추해 볼 수 있다.

8. 『이집트 교부들의 금언집』

"세상으로부터의 도피"fuga mundi 그리고 "그리스도를 본받음"imitatio Christi, 이 두 표현은 초세기 사막의 은수자들을 가장 잘 정의한다고 할 수 있다. 로마 황제의 박해를 피하여 신앙을 지키고, 예수 그리스도를 본받아 기도와 고행의 삶에 전념하기 위하여 많은 이들이 사막으로 들어갔다. 은수자들의 삶의 목표는 지극히 단순했다. 자신들을 지나치게 환대하는 세상 속에서는 더 이상 발견할 수 없었던 침묵과 고독 그리고 하느님을 향한 열성을 추구하였다. 그리하여 박해 시대의 순교자들처럼 교회의 심장이 되고자 하는 열성으로 사막의 고독 속으로 떠난 것이다. 이것은 세상에서 나그네로 살아야 하는 그리스도인의 종말론적인 삶에 대한 응답이

었다.[24]

 물론 은수자들이 생겨나기 이전부터 그리스도교 안에는 재산을 포기하고 독신을 지키며 교회에서 봉사하기 위해 개인의 욕망을 버린 사람들이 적지 않았으며, 이들을 금욕자와 동정녀라고 불렀다. 그러나 이들은 세속을 떠난 것이 아니라 가정 안에서 고행을 실천하고 덕을 쌓는 생활을 하였으며, 특별한 복장을 갖춘 것도 아니었다. 당시에는 교회가 박해를 받던 시기였기에 이들의 삶은 영웅적인 것이었으며 순교자들처럼 칭송을 받았다.[25] 그러다가 점차 박해를 피해 깊은 산속으로 또는 광야나 사막으로 들어가는 이들이 늘어났다. 그리스도교 은수생활은 3세기 말경 이집트에서 처음으로 생겨났다. 은수자들의 생활은 지나치게 엄격하고 극단적이었다. 그러나 4세기에 접어들면서 공동생활을 하는 수도제도의 형태가 은수생활에 도입되면서, 초기의 엄격한 금욕주의적 삶은 점차 완화되었다. 그리하여 한 명의 덕망 높은 스승을 중심으로 여러 제자들이 함께 생활하는 형태가 정착되었다. 이들의 삶은 각각 홀로 은수생활을 하는 독방(또는 수방, cella)들이 모여 마을을 형성하는 형태였다. 평상시에는 은수자로 기도와 노동에 전념하고, 매일

해제

정해진 시간에 함께 모여 공동 기도와 미사를 거행하였다.[26] 이집트의 스케티스 지역은 이러한 은수생활의 중심지였다.

마르티누스는 스케티스를 중심으로 한 이집트 사막 교부의 짧은 금언들을 우리에게 전해 준다. 교부들의 금언은 대부분 질문과 답변으로 이루어져 있다. 그것은 이제 막 은수생활을 시작한 지원자나 은수생활을 하고 있던 제자들이 그들의 영적 스승을 찾아가 '영혼의 구원을 얻기 위한 질문'을 하고, 스승은 이 질문에 함축적으로 대답을 한 것이다. 은수자의 삶은 침묵을 기초로 하였기 때문이다. 그러나 때로는 긴 담화로 이어지는 경우도 있었다. 물론 이 경우에도 사적인 잡다한 이야기에 시간을 쏟는 것이 아니라, 진리를 추구하는 마음으로 그렇게 한 것이다. 사막의 교부들은 사랑이 요구할 때 이야기를 시작했고, 사랑이 요구되는 만큼 말하지 않을 수 없었다. 그래서 사막 교부들의 금언집은 관상觀想, 하느님의 사랑, 성사나 전례적 생활에 대한 언급이 대부분을 차지하는 반면, 예수 그리스도나 동정녀 마리아가 거의 등장하지 않는다. 그들의 관심은 신학이 아니라 예수 그리스도를 따르기 imitatio Christi 위한 실천적인 부분에 있었기 때문이다. 따라서 사막 교부들의 금언집은 사적인 대화를 기록한 것이 아니라, 사막에서의 오랜 침묵 속에서 점진적으로 발아發芽되어 온 것들의 결실이며, 침묵 속에서 깨달은 것들이라는 점을 고려해야 한다. 그리고 여전히 그 의미가 봉인된 채 남아 있는 것들도 있다.[27] 그런 점에서, 오랜 관상을 통하여 '보이지 않는 실재'를 조금이나마 맛본 그들의 언어를 우리의 부족한 식견으로 성급하게 판단하는 것은 위험한 일이다.

9. 번역본

우리말 번역에 사용한 현대어 번역본은 다음과 같다.

『교만』
　영어: C.W. Barlow: FOTC 62 = Iberian Fathers 1 (1967) 43-49.

『겸손 권면』
　영어: C.W. Barlow: FOTC 62 = Iberian Fathers 1 (1967) 51-57.

『분노』

영어: C.W. Barlow: FOTC 62 = Iberian Fathers 1 (1967) 59-69.

『진실한 삶의 방식』

영어: C.W. Barlow: FOTC 62 = Iberian Fathers 1 (1967) 87-97.

『허영심을 몰아냄』

영어: C.W. Barlow: FOTC 62 = Iberian Fathers 1 (1967) 35-41.

『농부들을 위한 계도』

영어: C.W. Barlow: FOTC 62 = Iberian Fathers 1 (1967) 71-85.

이탈리아어: Martino de Braga: Contro le superstizioni. Catechesi al popolo. De correctione rusticorum. A cura di M. Naldini (= Biblioteca patritica 19) Firenze 1991.

『이집트 교부들의 금언집』

영어: C.W. Barlow: FOTC 62 = Iberian Fathers 1 (1967) 17-34.

주

『교만』

1 참조: 요한 카시아누스 『규정집』 17,210.
2 참조: 브라가의 마르티누스 『농부들을 위한 계도』 3-5.
3 참조: 요한 카시아누스 『규정집』 12,4,3.
4 참조: 요한 카시아누스 『규정집』 12,7.
5 참조: 요한 카시아누스 『규정집』 12,6,1.
6 참조: 요한 카시아누스 『담화집』 5,16,5.

『겸손 권면』

1 참조: 요한 카시아누스 『담화집』 16,8,5.
2 아우구스티누스 『고백록』 10,2,2(최민순 옮김).
3 참조: 요한 카시아누스 『규정집』 12,10.
4 참조: 요한 카시아누스 『규정집』 12,10.

『진실한 삶의 방식』

1 자연법自然法이란 모든 인간에게 부여된 권리 또는 정의의 체계를 말한다. 곧, 인간이 추구해야 할 선善과 피해야 할 악惡에 관계하는 올바른 이성의 보편적 규칙이나 명령의 총체를 말한다. 또한 '자연법'은 '자연 도덕률'自然 道德律이라고도 불리는데, 이는 성문화되지 않은 율법으로서, 인간의 이성으로 알 수

있는 모든 자연 사물의 본성에서 나오는 윤리 질서를 말한다. 이것을 '신적 자연법'이라고도 하는데, 자연을 창조하고 거기에 법칙을 부여한 신의 의지에 그 기원을 두고 있기 때문이다. 참조: 유봉준, "도덕률", 『한국가톨릭대사전』 3, 1755; 박종대, "자연법", 『한국가톨릭대사전』 10, 7250.

『허영심을 몰아냄』

1 참조: 요한 카시아누스 『담화집』 5,16,5.
2 참조: 요한 카시아누스 『규정집』 11,1. '허영심'은 이 글에 인용된 그리스 단어(cenodoxia)와 첫 번째 라틴어 단어(vana gloria)의 적절한 표현이다. 그리고 두 번째 라틴어 단어(iactantia)는 마르티누스가 이 글의 제목으로 사용했으며, '자랑'이라는 수식이 붙어 있다.
3 참조: 요한 카시아누스 『규정집』 11,19,1.
4 참조: 요한 카시아누스 『규정집』 11,19,2.
5 참조: 요한 카시아누스 『규정집』 11,10,3.
6 참조: 요한 카시아누스 『규정집』 21,14,5.

『농부들을 위한 계도』

1 이 글에 등장하는 신들의 이름은 그리스식 발음으로 표기했음을 밝혀 둔다.
2 이 글에 나오는 '농부들'은 자연을 벗 삼고, 생명을 가꾸어 생계의 수단으로 살아가는 오늘날의 농부들과 같은 사람이 아니다. 1500년 전, 자연에 대한 경외심과 무지함으로 인해 우상을 믿고 숭배하며 살아갔던 이들임을 밝혀 둔다.
3 라틴어는 '셉티마나'septimana다.
4 8월 23일.
5 당시의 우상 숭배와 점술 방법들이다.

『이집트 교부들의 금언집』

1 이집트 '소다 호수'soda lakes에서 생산되는 광물.
2 이집트 나일강 서쪽에 위치한 지역으로서, 리비아 사막에서 약 35킬로미터 떨어진 지역. 330년경 이집트의 마카리우스가 수도 공동체를 설립하면서 널리 알려지게 되었으며, 이후 은수생활의 중심지로 자리매김하였다. 스케티스의 은수자들은 평상시에는 서로 멀리 떨어진 독방cella에서 생활하였지만, 주일에는 다 함께 모여 전례를 거행하였다. 참조: NDPAC(Nuovo Dizionario Patristico e di Antichità Cristiane, Marietti 1820) vol.3, 4775-4776.
3 라틴어 '켈라'cella는 동굴, 무덤, 작고 허름한 방 또는 노예들이 거주하던 방 등을 의미한다. 이집트 사막의 은수자들은 이 단어를 자신들이 살던 독방 또는 수방을 가리키는 단어로 사용하였다. 그리하여 침묵과 기도로 하느님을 만나는 '고독의 장소'이자, 자신을 찾아오는 나그네나 순례자들을 맞이하던 '환대의 장소'를 의미하게 되었다.

해제

1 판노니아는 마르티누스가 열렬히 추종했던 투르의 마르티누스Martinus Turonensis(316/317경~397) 성인이 태어난 곳이기도 하다. 참조: C.W. Barlow, Iberian Fathers, vol.1 (Washington: The Catholic University of America Press 1985) 3.
2 참조: M. Dìaz y Dìaz-P. Marone, "Martino di Braga", in Nuovo Dizionario Patristico e Di Antichità Cristiane, vol.2 (Milano 2007) 3072.
3 참조: Ott, Michael, "St. Martin of Braga", in The Catholic Encyclopedia, vol.9 (New York: Robert Appleton Company 1910) 2013.
4 알렉산드리아의 사제였던 아리우스Arius(256?~336)의 사상에서 비롯된 삼위일체론과 관련된 4세기의 이단이다. 예수 그리스도의 신성을 부정하여 결과적으로 성령을 부정하고, 성부만이 진정한 하느님이라는 주장이 기본 사상이다. 참조: 하성수, "아리우스주의",『한국가톨릭대사전』8, 5644.
5 참조: Mario Naldini, Contro le superstizioni (Bologna: Centro Editoriale

Dehoniano 2015) 5-7.

6 참조: Mario Naldini, Contro le superstizioni, 6-7.
7 아빌라Ávila의 주교였던 프리스킬리아누스Priscillianus(340?~385)에 의해 일어난 스페인의 신비주의적 금욕주의 운동이다. 성경에 언급된 요구들을 매우 진지하게 받아들여, 특히 완전하게 되기를 바라는 사람은 부모와 자식, 소유물, 명예를 단념하고 다른 어떤 것보다 하느님을 사랑해야 한다는 구절들을 실천해야 한다고 여겼다. 그리고 이를 실천하기 위해 선택받은 이들의 자의식에 바탕을 둔 세례 서약 때의 절대적 충성을 촉구하였고, 기도와 정욕의 억제, 내적 투쟁, 세상과 교회에서 벗어난 비밀 집회에서 성경과 외경 연구에 몰두하는 삶을 촉구하였다. 그리고 인간은 세속적인 것을 멀리하고, 악을 멀리하고, 신적인 것과 일치함으로써 다시 새로워질 수 있다고 주장했다. 이와 함께 모든 사람이 육체와 어둠의 세상에 맞서 투쟁해야 한다고 역설하였다. 참조: 하성수, "프리실리아누스주의", 『한국가톨릭대사전』 12, 9141.
8 M. Diaz y Diaz–P. Marone, "Martino di Braga", 3073.
9 참조: 김승혜, "교만", 『한국가톨릭대사전』 1, 603-605.
10 참조: 강영옥, "겸손", 『한국가톨릭대사전』 1, 318.
11 교회는 전통적으로 교부 시대부터 주요 죄들의 목록을 만들고, 그것을 '죄종' 또는 '죄원'罪源이라고 불렀다. 교황 그레고리오 1세(590~604) 시대에 들어서면서 일곱 가지 중요한 죄종, 곧 일곱 가지 대죄라는 것에 관하여 논의하였다. 이를 '칠죄종'七罪宗이라고 하는데, 교만과 인색, 음욕, 탐욕, 질투, 분노, 나태가 그것이다. 이 일곱 가지 죄는 다른 많은 죄의 근원이 되고 악습들을 낳는다. 참조: 김정우, "죄종", 『한국가톨릭대사전』 10, 7788-7790.
12 참조: 김정우, "죄종", 『한국가톨릭대사전』 10, 7790.
13 참조: 『가톨릭 교회 교리서』 n.2259.
14 참조: 『가톨릭 교회 교리서』 n.2302.
15 참조: 전달수, "완덕", 『한국가톨릭대사전』 9, 6510.
16 「교회 헌장」 제40항.
17 참조: 정인숙, "현명", 『한국가톨릭대사전』 12, 9652-9653.
18 참조: 박종대, "관용", 『한국가톨릭대사전』 1, 538.

19 참조: 유경촌, "절제", 『한국가톨릭대사전』 10, 7501-7502.
20 참조: 김명현, "정의", 『한국가톨릭대사전』 10, 7557-7558.
21 참조: C.W. Barlow, Iberian Fathers, vol.1, washington: The Catholic University of America Press 1985, 10-11.
22 참조: 백민관 『복음서 해설』 가톨릭출판사 1997, 50.
23 참조: 에두아르트 로제 『신약성서 배경사』 박창건 옮김, 대한기독교출판사 1999, 261-266.
24 참조: 헤수스 알바레즈 고메스 『역사의 도전 앞에 선 수도생활』 황경희 옮김, 생활성서 2004, 49.
25 참조: 기경호, "은수자", 『한국가톨릭대사전』 9, 6864.
26 참조: 기경호, "은수자", 『한국가톨릭대사전』 9, 6864-6685.
27 참조: 뻴라지오와 요한 『사막 교부들의 금언집』 요한 실비아 옮김, 분도출판사 1994, 11-15.

교부 문헌 목록

마르티누스 『가난』 *De paupertate*
———, 『겸손 권면』 *Exortatio humilitatis*
———, 『관습』 *De moribus*
———, 『교만』 *De superbia*
———, 『농부들을 위한 계도』 *De correctione rusticorum*
———, 『대성당과 식당에 새겨진 제명』 *Inscrptiones ir. basilica et in refectorio*
———, 『부활절』 *De Pascha*
———, 『분노』 *De ira*
———, 『비문』 *Epitaphium*
———, 『세 번의 침수 세례에 관해 보니파키우스에게 보낸 편지』 *Epistula ad Bonifacium de trina mersione*
———, 『이집트 교부들의 금언집』 *Sententiae patrum Aegytiorum*
———, 『진실한 삶의 방식』 *Formula vitae honestae*
———, 『허영심을 몰아냄』 *Pro repellenda iactatia*

주제어 색인

가르침 31 94 110 161 168 180
간음 20 45 87 110-1 113 116 124
간통 104 106
갈등 65
감사 22 34-5 107 136 156
강 102 104
거룩한 천사 101 119-20
거만한 발길 15-7
거짓말 30 51 80 87 91
거짓말쟁이 91
거짓증언 23 80 87 110-1 117
게으른 사람 95
게으름 55 75 153
격정 172
결과 48-9 102 172
겸손 17 27 29-37 47 78 89-90 123 138 148-50 154-5 158-9 161-2 170-1 174 179
겸손한 사람 35-6 89
경계 22-3 27 32 48 76 78 84 90 137-8 141 171
경고 21 27 31 92 169 178-9

경멸 23 44 74 78 116 141 163
경배 106-7 109-10 118-9
경외심 154 190
경쟁자 15
계명 31 33 101 116-7 160 174
계약 112
계획 68 93 95 124 145
고귀함 94
고독 182 191
고백 33 37 114-5 140 144 157
고통 60 62 101 110-2 136 162
공격성 42
공경 89 135 145
공허함 96
과대평가 36 90 141
관대함 15 48-9 57 61 65-6 71-2 82 94 133 175-6
관상 184-5
관습 107-8
광기 41 172
교만 44-5 77 92 95 100-1 154 162 169-71 178 192
교활 81 96 103

구원 100 102 124 138 140 145
162 184
구제불능 16
군인 94
권능 17 163-4
권력자 28
그리스도 30 33 99 106-9 113
115-6 118-9 163 174-5 181-
4 191
~의 복음 112
~의 세례 112
~의 심판 111
그리스도인의 겸손 34
그림자 36
근친상간 103
금욕주의 183 192
기도 15 17 29 32 37 115-6 118
120 123-4 127-8 134 139
146 154 158 161 174 176
182-4 191-2

나그네 117 182 191
나방 107
나쁜 짓 15 18 163
나약함 59 87 178
낙원 20 101
노동 101 111 133 161 183
노아 101-2 126
논쟁 48 76-7
농담 51 69 74-5

농부 99 104 106 179-80 190
님페 104

다니엘 126
다윗 15 17-8 20 29 34 37 169
단순함 82 161
단식 23 123 131 161
달 102 105
대화 41 69 74 110 134 184-5
덕행 90 130 138 157 160 162
도둑질 55 68 80 87 103 110
113 117
도피 182
독방 183 191
동정녀 마리아 109 113 184

라미아스 104
루치페르 18-9 170

마귀 35 100-1 103-9 111 115
119 130
마르티누스 41 65 99 123 167-
80 184 189-91
마리아 막달레나 137
마음 15-7 20 22-3 27-37 41
47-50 52-3 55-6 59 61 65-
6 69-70 72-4 76-7 80 83
88 92 95 108 116-8 124
129-32 134 137-8 141 143
146-7 150-4 158-9 161-2

주제어 색인

197

　　　　171 175 177 181 184
말(言)　15-6 18 27-33 49 51 53
　　　　69 71 74-8 82-3 87 91 96
　　　　112 128-30 170-1 176 181
말씀　22 29 33 36-7 106 109
　　　112 130 133 138 147 161
매력　68 71
먼지　17 19 31
멸시　19 44 59 77 162-3
명성　36 89-90
명예　32 46 78 90 192
모욕　30 47-9 72 78 124 131
　　　155
몰락　18 20 170
묵상　69 134 145 153 157 161
문　135 143
미신　99 107-8 180
믿음　37 67 105-6 111 115-6
　　　175

바다　102 104-5 167
바람(願)　41 47 88 109 119
바로잡음　53-4 173
바른길　93
바벨탑 사건　89 178
바오로　22 33 37 91 93 161 175
　　　177
박해　140 161 174 182-3
반란　87
반석　36-7 161 181-2

반항하는 천사　101
방탕　20
백성　15 45 169
번영　15 78 107
벌　20 29 80 92 119 172
법률가　88-9
별　18 46 102 105
보상　92 126 148
복수　49-50 61 72 77-8 172-3
복음　30 112
본성　20 73 79 88-9 177-8 190
부정한 행위　17 87
부주의함　41 54
부지런한 사람　95
부추김　19 28 95
부활　106 110 112-4 118-9
부활의 날　119
분노　102 129-31 162 172-4 177
분심　139 141
불　102 112 142
불륜　87
불명예스러운 행동　17
불쌍한 노예　95
비꼬는 말　87
비난　28 31 48-51 75 81 92-3
　　　95 133 159
비방　30 51 163
비웃음　44 83 178
비통　61 138 161-3
빌라도　110 113

빛   18 31 33 37 100-1 105-6
    111 142
빵   107 114 123 133 158

사기   55 106 113
사도   33 112
사도들의 이야기   112
사막   129 182-5 191
사제/성직자   112-3 126 167
사탄   100-1 103 109-10 115-6
    142-3 153 155 180
살인   87 110-1 116
삶의 자리   20
상처   41-2 50-3 59 87-8 92
    129-31
상호작용   41
선물   19 33 37 91 159
선택   15 21 27 112 169 192
선행   36 57 78 90-2 96 120
성경   15 18 20-1 23 34 66 92
    100 106 108 112 123 126
    137-8 140 144 162-3 176
    179 192
성경의 증언   108 112
성덕   35-6 66 79 81
성령   15 37 109-10 112-4 131
    142 191
성인   167 174-5 191
성전   104
세례   106 110-6 180 192

소금   123 155
속임수   62
솔로몬   17 31 108
수고의 열매   91
수도승   126-7 132-3 135 138
    141 145 147-50 183 191
수방   132-3 135 138 141 145
    147-50 161 183 191
수호천사   111
순교자   176 182-3
순수한 마음   27 32 92
순종   19
술의 노예   87
숭배   104 106 111 113-6 119
    180-1 190
스스로의 능력   18
스케티스   129 143 184 191
스테파노   176
승자   58 94
식별   16 55 71 96 126
식탐   87
신성모독   23 89
신앙고백   113 115-6 182
신중함   66-7 81-2 175-6
실현   95
실행   93 116 161
심판   15 20 69 111 113 141
    145 147 157 162-3 177
    180
십자가   110 113 161

주제어 색인

십자가 표시 115-6

아담 19 101-2 111
아동 88
아레스 103-5
아르테미스 104
아벨 172
아우구스티누스 33 189
아첨 27-30 32 74 76 90 170-1
아첨꾼 29 68 75
아첨의 폐해 29
아테나 103 114
아프로디테 103 105-6 115
악마 48 99-100 107-9 111 113-6 119 135 142 180
악습 23 28 43 45 48 192
악의 본성 20
악인들의 손 15 17
악령 15 104
악행 23 29 76 78-9 81 87-91 93 96 103 111 114 117 130 163 178
안식일 105
약속 19 70 101 114-5 117-8 137 139 182
열등 50
열망 33 36 78 88-9 171 178
열매 84 91 125 146
영광 16-8 21 34 36 65 90-3 100-1 110-1 169 178

영원한 삶 112
영원한 죽음 112
영원한 형벌 92
영적 교만 21
영혼 43-9 54 72 109 111 118 123-4 131 134-5 137 141 144 149 157 161 174 184
예언/예언자 15 29 37 112 117 131 138 169
오만 37 94 169
은유 74 162
완고함 44-5
완덕 23 174-7 192
왕 43 88-9 167
욕망 22-3 28 45 48 73 88 142 148 161 174 176-8 183
욕정 73 135-7 158 176
욥 126
용기 71-2 95 170 176
용맹 94
용서 53-4 57 59 72 76 84 116-7 136 139-40 176
우상 숭배 45 102 104 110 113 116 190
우상의 기원 99
우월 16 50 77
우쭐 16 90
위선자 82 91
위험/위험성 19 21 43-4 49 56 71-2 89 169 171 179 185

유대 관계 41
유산 126
유익 28 57 74 79 95
유혹 19-21 23 27-8 45 51 101
　　108-9 127 130 135 139
　　152 169-70 173 176 179
육신의 부활 113-4 118
육욕 87
율법 112 189
은수자 136 168 182-4 191
은총 120 124 174
은혜 15 72 177
음란한 언어 87
음식 73 110 117-8 162 176
음욕 124 192
의로운 판결 22
의지 47 52 136 141 190
이교인 107 119 167-8 181
이웃 30 78 95 124 129-30 147
　　150 153-4 158 162-3 178
인간의 선택 112
인내심 59 126 160-1
인정 16 44 49 53 59 76 78
　　140 176 178
일주일 106 131

자극 54 62 82 95
자랑 22 37 89-90 92-3 141 190
자만/자만심 15-6 19 22-3 32 36
　　90 94

자비 15 78 92 96 116 120 123
　　136-7 140 163-4 177
자선 91 96 161
자유 27 71
재 17 19
재물의 신 103
재앙 16
저주 173
전리품 89
전쟁터 43 94 144
절제 66 69 73-5 77 79 83 148
　　161 175-7
정의 66 77 79-80 83-4 117
　　164 172 175 177 182 189
제단 104
제물 103-4 107-8
제우스 103-6 119
조롱 87
조언 29 61 65 71 76 94 136
　　160 179
존경 21 41 47 65 79 84 88 91
종말론 182
좋은 계획 93
죄/죄악 17-8 20 22-3 32 34-
　　5 46 53-5 58-9 83 92 102
　　116-7 123 138-40 142 144
　　149 154 159-60 162-3 169
　　173 176 180 192
　　~의 사함 110 113
　　~의 상태 92

주제어 색인

201

~의 시작 18
죄인의 기름 29
죄인의 회개 117
주교 41 65 99 123 168 179-80
　　192
주님 17 30 33-4 36-7 91 93 99
　　101 113 117-20 123 127
　　130 137 139-40 145 147
　　152 162-3 174 176 181
　　~의 계명 31
　　~의 날 106
　　~의 전쟁 34
주의 49 71 73 77 84 95 117
　　132 141 152 171 173
주일 118-9 191
죽음 101 110 112 118-9 157
　　161 163
중용 83-4
쥐 107-8
증언 108 112
지옥 109 112
지혜 15 21-2 41 43 49 53 55
　　59-60 65-6 70 78 89 108-9
　　178 181
진실한 말 30-1 170
질병 41 87 174

착각 18 21 91 95 103
찬양 16 28-30 32 35 37 89 100
　　104
참된 회개 117

창조물 20 102-3
창조주 102-3 109-10 179
책임 27 31 34 44 59 100
천사계 18
천사의 몰락 18 20 170
천사의 타락 18 100
천지창조 105
첫 번째 천사 18 170
첫날 106
축복 15 18-9 36 99
축복의 상급 36
춘분 106
충동 21 43-4 87
친절 57 65 77 94
칠죄종 172 192
침묵 23 65 76 80 124 133 143
　　147 149 152-4 161 182
　　184-5 191
칭찬 16-7 28 30 36 57 69 75-6
　　88 90 92-5 129 135 178

카인 172
칼 30 62 84 143-4 169
쾌락 54 73 83 152 169 176
크로노스 103 105-6

타락 23 101 104 153
탄생 100
탐욕 19-20 45 73 83 87 92 103
　　154 192
태양 102

특권 89

파멸 108
판단 17 43 48 58 67-9 84 173 175-7 185
평정심 59 130 153 156 162
평화 80 131-3 135 137 141-2 146 152 158 163
폭력/폭력성 45 87 172
표정 42-3 68
핑계 41 47 58
폐해 23 29 93 95 170 178
포세이돈 104
폴레미우스 99 179-80
폭동 87
폭식 87

하느님 15-22 27-9 31-7 66 73 79-80 89 91-3 95 99-120 123-4 126 128 130-1 133-5 137-42 144-7 152 154-8 160 163 167-72 174-5 177-9 181-2 184 191-2
~의 가르침 31
~의 계명 116-7 160
~의 계획 21
~의 뜻 27
~의 백성 15
~의 병사 34
~의 보호 18
~의 선물 19
~의 아들 109-10 118-9 181
~의 영광 17 21 92 169
~의 용서 117
~의 자비 116 177
~의 작품 106
~의 채권자 33
~의 채무자 32-3
하늘나라 36 89 100-1 103 109 111-3 118 120 149 179 181-2
하와 19 102 111
한 해의 시작 106-7
한 해의 첫날 106
해악 81-3 124 130
허영심 32 88 90-1 93-6 178-9 190
험담 51 72-3 134
헤라 103
헤르메스 103 105-6 181
현혹 15 17 21-3 28-30 48 108 171
혐오 29 42 44 137 152
호기심 48 135
호의 28 76 92 107
홍수 101-2
환심 28
회개 110-1 117 163
희망 17 45 71 112 117 119

주제어 색인

성경 색인

■ 구약

창세
1,1　**100**
　3　**105**
　4　**106**
　5　**105**
　6-8　**105**
　9-10　**105**
　14-19　**105**
　20-23　**105**
　26-27　**105**
　27　**177**
2,2　**106**
3,5　**19**
　19　**31**
4,8-12　**172**
4,10-11　**173**
23장　**139**

2열왕
4,8-37　**131**

1사무
2,9-10　**34**

시편
10,3　**93**
15,3　**30**
18,30　**154**
25,18　**123**
36,12-13　**15**
38,19　**144**
44,6　**34**
50,15　**145**
53,6　**92**
55,22　**30**
65,2　**37**
73,22-23　**148**
118,7　**140**
131,1　**37**
141,5　**29**

잠언
16,5　**17**
　32　**177**

집회
3,18 **31**
5,2 **177**
10,13 **18**
18,30 **177**
34,5 **108**
　6-7 **108**

이사
14,13-14 **18**
　14 **19**
26,18 **162**
66,2 **33**

예레
4,8 **138**

에제
14,14 **126**
　16 **126**
18,21-22 **177**

하바
1,16 **21**

■ 신약

마태
5,3 **36**
　22 **174**
　44-45 **174**
　48 **175**
6,1 **179**
　2 **91**
　9 **115**
7,1 **163**
　14 **123**
　24-25 **161**
15,19 **87**
16,15 **181**
　16 **181**
18,22 **176**
22,11-14 **161**
25,14-30 **161**
　36 **147**

루카
17,10 **33**

요한
5,44 **91**
20,11-18 **137**

사도
7,60 **176**

성경 색인

205

24,24-25 **177**

로마
1,25 **102**
 28 **22**
2,5 **128**
11,35-36 **34**

1코린
4,7 **37**
 12 **161**

2코린
11,27 **161**

갈라
5,26 **91**

에페
4,13 **175**

필리
2,3 **179**
3,19 **93**

히브
11,38 **161**

야고
1,17 **37**

 22 **161**
4,6 **20**

1베드
5,5 **20**

묵시
19,16 **30**

김현

천주교 부산교구 사제. 부산가톨릭대학교와 대학원을 졸업했다. 로마 아우구스티누스 대학에서 수학했고, 서강대학교 대학원에서 사회복지학을 전공했다. 현재 언양 성당 주임신부로 사목 중이며, 저서로『나그네 생각』(2017)이 있다.

김현웅

천주교 성 아우구스티누스 수도회 소속 수사이며, 인천가톨릭대학교를 졸업하고 로마 아우구스티누스 대학에서 수학했다. 현재 경기도 연천 착한 의견의 성모 수도원에서 수련장 소임을 맡고 있다.

천주교 분당 성 마태오 성당 이철수 신부와 신자들이 한국교부학연구회에 이 책의 출간 재정을 지원하였음을 밝힙니다.

[그리스도교 신앙 원천 간행위원]

강창헌 · 김세빈 · 김현 · 김현웅 · 노성기(위원장) · 안봉환 · 오학준
장재명 · 정학근 · 최원오 · 하성수 · 한창용 · 황인수

대중판 교부 문헌 총서 그리스도교 신앙 원천

01 대 바실리우스 **내 곳간들을 헐어 내리라 외** 노성기 역주 | 160쪽
02 알렉산드리아의 클레멘스 **어떤 부자가 구원받는가** 하성수 역주 | 144쪽
03 키프리아누스 **선행과 자선 · 인내의 유익 · 시기와 질투** 최원오 역주 | 144쪽
04 에게리아의 순례기 안봉환 역주 | 152쪽
05 브라가의 마르티누스 **교만 · 겸손 권면 · 분노 외** 김현 · 김현웅 역주 | 208쪽
06 요한 크리소스토무스 **라자로에 관한 강해(1-7편)** 하성수 역주 | 368쪽
07 요한 크리소스토무스 **참회에 관한 설교 · 자선** 최문희 역주 최원오 해제 | 304쪽

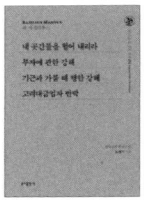   
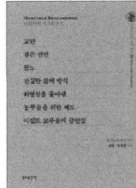   

계속 나옵니다